ACTES NOIRS
série dirigée par Manuel Tricoteaux

Ouvrage publié sous la direction
de Nelly Bernard

PROPRIÉTÉS PRIVÉES

DU MÊME AUTEUR

CONFIDENCES SUR L'ESCALIER, "Série noire", Gallimard, 1992 ; Folio Policier, 2000.
ÉTATS DE LAME, "Série noire", Gallimard, 1993 ; Le Masque, 2008.
LES FILS PERDUS DE SYLVIE DERIJKE, "Série noire", Gallimard, 1995 ; Le Masque, 2006.
LES DAMNÉS DE L'ARTÈRE, coll. "Cheryl", Baleine, 1996.
OTTO, "Série noire", Gallimard, 1997.
LA PUISSANCE DU DÉSORDRE, Baleine, 1997 ; Folio Policier, 1999.
LA VANITÉ DES PIONS, "Série noire", Gallimard, 2000.
CURIEUX SENTIMENTS (nouvelles), Lignes noires, 2000.
DU DÉBUT À LA FIN (nouvelles), gravures de Thierry Lenoir, La Pierre d'Alun, 2002.
TGV, Le Grand Miroir, 2003.
CROIS-MOI, Labor, 2005.
JOUR DE GLOIRE, Le Masque, 2006.
CONTRETEMPS, Le Masque, 2007.
ANGLE MORT (BD), illustrations d'Olivier Balez, Casterman, KSTR, 2007.
1 275 ARES, coll. "Suite noire", La Branche, 2008.
HASBEEN, Aden, 2010.

ISBN 978-2-7427-8929-0

PASCALE FONTENEAU

Propriétés privées

roman

ACTES SUD

C'est l'histoire d'un homme qui sort de chez lui.

PLACE ANDRÉ-LE-NÔTRE

Il fait nuit.

Robert se fait attendre.

Robert Donnay se fait toujours attendre.

Sous prétexte d'avoir une femme malade et deux chiens à nourrir, Robert arrive avec dix, quinze, ou vingt minutes de retard. A l'inverse, Henri Frot est toujours en avance. Plus encore ce soir car il attend Robert avec impatience pour lui parler de l'article paru dans le journal.

Signé par un certain Rémi Bobet, le texte se moque des rondes de surveillance (ironiquement surnommées *les Patrouilles de la trouille*) auxquelles les deux hommes participent depuis plusieurs mois. Selon le journaliste, ces patrouilles attiseraient un climat de violence et mettraient de l'huile sur le feu. Des accusations soutenues par un historien, auteur d'une thèse récemment publiée. Interrogé sur les marches de son amphithéâtre, l'universitaire réagit à ce qui lui est présenté comme un phénomène inquiétant. Devant la multiplication de ce genre de *brigades*, l'historien confirme les craintes du journaliste. Sans nuance, il agite le spectre d'une *dérive sécuritaire*, et dit qu'il ne faudra pas s'étonner d'un retour *aux heures les plus sombres de notre histoire.* A l'entendre, les guerres débuteraient toujours dans des zones pavillonnaires identiques à celle dans laquelle Robert Donnay et Henri Frot ont leur maison. Un lotissement d'une trentaine d'années, présenté dans le journal comme un repaire de vieux aigris, de paranos, de fascistes.

Henri n'est pas de cet avis. Robert ne le sera pas non plus. Agacé, le sexagénaire énumérera les cambriolages, puis rappellera l'agression de Martine, la femme de ménage de chez les Durant. Pour conclure, il condamnera la frilosité des journalistes et des intellectuels planqués dans leur bureau, comme des généraux dans leur salon. Sans être violent, Robert est partisan de limites et de sanctions claires :
"Prends mes chiens, avait-il un jour expliqué à Henri, s'ils sortent du jardin, je leur en colle une. Tu peux me croire, ils n'ont pas eu besoin de faire dix ans d'études pour comprendre le message : ils ne sortent pas. Pareil pour ma femme", avait-il ajouté en riant.

L'intransigeance de Robert faisait l'admiration de son voisin. *"Un tel aplomb aurait retenu Hélène"*, pensait-il. Il en était persuadé. Au lieu de cela, sa femme était partie six mois plus tôt en laissant derrière elle une lettre de huit pages qui se terminait par *adieu.* Un mot qu'Henri n'avait pas pris au sérieux. Trente ans de vie commune ne pouvaient pas s'effacer en huit pages. Il devait forcément y avoir une explication.

Robert n'a jamais eu autant de retard.

Les mains posées sur le volant, Henri Frot hésite à franchir les cinquante mètres qui le séparent du domicile de son équipier. Ce serait chose faite s'il ne craignait pas d'être mal reçu par Marie-Jeanne, la femme de Robert, avant même de lui avoir été officiellement présenté. Robert ne s'en était pas caché, depuis quelques semaines, Marie-Jeanne, sujette aux angoisses et aux crises de colère, ne supportait plus que son mari surveille le quartier au lieu de passer ses soirées avec elle. Chaque nouvelle sortie provoquait tensions, querelles et ultimatums.

Robert en parlait très librement. Deux semaines auparavant, par exemple, alors que les deux hommes patrouillaient dans le quartier, Robert avait confié que, le soir même, Marie-Jeanne avait menacé de se suicider avec leurs chiens. Des animaux qui portaient le nom de leurs deux enfants : Cécile et Nicolas, aujourd'hui adultes. Philosophe, Robert ne s'en offusquait pas :

"Eux cela ne les gêne pas, on ne les voit qu'une ou deux fois par an ; Marie-Jeanne, cela lui fait plaisir. Le matin, quand elle sort dans le jardin pour les appeler, je vois bien que cela lui rappelle de bons souvenirs."

De tels comportements pourraient expliquer l'absence de Robert.

Dans l'esprit d'Henri, les pensées tournent dans tous les sens, mais il ne sort pas de la voiture. Indécis, il observe le carrefour. Quelques véhicules circulent encore, les derniers à entrer dans le quartier avant le début des émissions du soir. A deux reprises, il voit le break japonais de Denis Lassalle passer à cinq cents mètres de sa voiture. Une fois venant de l'avenue des Lys, une deuxième fois, tous feux éteints, se dirigeant vers les immeubles de la cité des Champs.

De tous les bénévoles engagés dans la surveillance du quartier, Denis Lassalle correspondrait le mieux à la caricature qu'en faisait Rémi Bobet dans l'article paru ce matin. Six mois auparavant, Robert avait patrouillé avec cet ancien militaire.

"Le plus dur, avait-il avoué, c'est qu'il ne fait pas la conversation. Tu peux rester une soirée avec lui sans échanger un mot."

Fort de ces informations, Henri Frot n'avait jamais cherché à faire équipe avec Denis Lassalle qui, d'ailleurs, partait souvent seul.

Cinquante minutes après le passage des derniers véhicules, Robert arrive comme par miracle au moment où Henri se résignait à rentrer chez lui. Débouchant de la rue des Tulipes, Robert se presse vers la voiture et ouvre la portière passager. Sans prendre la peine de s'excuser, il commande de démarrer :

"J'ai repéré quelque chose de bizarre. On devrait aller voir du côté de l'allée des Lupins."

Alors que la voiture roule déjà, Robert déclare avoir suivi un drôle d'individu. Aux explications données, Henri retient que l'homme, car il s'agissait d'un homme seul, traînait dans une rue près de chez Robert et qu'il ne semblait *aller nulle part*. Une attitude qui, forcément, avait attiré l'attention de Robert :

"S'il était là sans raison, commente-t-il, c'est qu'il était là pour de mauvaises raisons. Tu comprends ce que je veux dire ?"

Sans effort, Henri Frot comprenait tout à fait.

Depuis l'année dernière, une quinzaine de maisons du quartier avaient reçu la visite de malfaiteurs qui, selon la police, agissaient seuls, ou en petit groupe. Déjà mobilisée, la population s'était réunie après l'agression de Martine, une jeune fille un peu simple qui travaillait chez les Durant. La pauvre s'était fait agresser dans la maison de ses patrons. Vers 16 heures, une ou deux personnes étaient entrées par le garage, avaient violemment bousculé Martine, et l'avaient traînée par les cheveux dans la cuisine. Au bilan, la jeune fille s'en était sortie avec un traumatisme psychologique et une dizaine de points de suture. Rappelés de leur commerce, M. et Mme Durant déploraient, eux, le vol de bijoux et d'un appareil photo de collection.

L'annonce de cette agression avait fait le tour du quartier. Après avoir exprimé leur solidarité aux victimes, les habitants avaient manifesté contre des autorités jugées incapables d'assurer la sécurité des biens et des personnes.

Pragmatique, M. Durant avait alors proposé l'organisation de *rondes citoyennes* dans les rues, de jour comme de nuit.

"Deux personnes par voiture, surveillance et dissuasion", avait proposé M. Durant, preuve qu'il avait déjà pris le temps d'y réfléchir.

Sous réserve de ne pas avoir à intervenir autrement qu'en téléphonant à la police, la proposition de M. Durant avait été adoptée à l'unanimité. Ce soir-là, comme d'autres, Henri Frot avait levé la main. Deux semaines plus tard, il faisait équipe avec Robert.

Dans son article du matin, le journaliste Rémi Bobet avait raison sur un point : quand on doit rester chez soi, à la retraite ou sans boulot, jeune ou vieux, on s'emmerde.

ALLÉE DES LUPINS (1)

Le jour de son départ, Hélène avait attendu qu'Henri soit au supermarché pour remplir un petit sac de voyage avec quelques habits et tous les flacons habituellement posés sur son étagère. Dans la maison, rien n'avait été dérangé. Tous les meubles étaient à leur place, y compris la commode peinte par la grand-mère d'Hélène.

Au début de leur mariage, le couple avait traversé le pays pour récupérer ce petit meuble où figuraient des bouquets de fleurs pas très réussis, mais d'une *valeur sentimentale inestimable*, c'est ce qu'Hélène avait toujours déclaré avant d'abandonner la commode trente ans plus tard. La première nuit sans Hélène, Henri s'était demandé s'il ne devrait pas brûler cette commode avant qu'elle n'ait, pour lui aussi, une valeur inestimable. Il avait longuement médité sur le sort de ces objets sans intérêt auxquels le hasard confère ces fameuses valeurs. Pour les mêmes raisons, lui-même avait conservé les clés de sa première voiture.

Après des heures de réflexion, Henri avait décidé de garder la commode sans lui donner de statut particulier. Cela aurait donc dû être un meuble comme les autres, un rien plus moche, sans plus, n'empêche, à cause des lupins reproduits sur une des faces, c'est l'image de cette commode et le souvenir d'Hélène, encore, qui s'imposent dans l'esprit d'Henri quand il entend son coéquipier parler de l'allée des Lupins.

Robert, lui, est sur une autre planète. A l'entrée de la ruelle, il désigne l'amorce d'un chemin mal entretenu.

"C'est là que j'ai perdu sa trace. Plus exactement, c'est là que j'ai rencontré Régis Weiss, il promenait son chien juste ici, près du chemin. Le temps d'échanger trois mots, le gars avait disparu. Sans cet emmerdeur, je ne l'aurais jamais perdu de vue."

Dans l'esprit de Robert, comme dans celui de la majorité des habitants du quartier, Régis Weiss méritait la qualité d'emmerdeur car, ces derniers mois, il avait ouvertement critiqué l'organisation des patrouilles, allant jusqu'à faire imprimer des affiches avec le slogan *"OUI À LA POLICE ! NON AUX MILICES !"*. Affiches qu'il avait distribuées dans les boîtes aux lettres avec l'espoir de voir ses voisins les coller à leurs fenêtres, ce qui ne s'était pas produit.

Se vantant partout d'être juif et d'avoir enseigné l'allemand dans les collèges difficiles de la région, Régis Weiss avait dénoncé les rondes citoyennes en agitant le spectre de politiques dictatoriales anciennes ou étrangères. Autant dire qu'il avait bu du petit-lait en découvrant l'article de Rémi Bobet dans le journal du matin. En substance, c'est ce qu'il avait expliqué à Robert, l'obligeant à laisser filer un suspect dont il avait fait un rapide portrait-robot :

"C'était un grand type, un maigre, cheveux courts, pantalon sombre, veste trois quarts, on dirait un vêtement de chasse ou un blouson militaire, mais en plus clair."

Comme si Régis Weiss pouvait l'entendre, Robert insiste pour la troisième fois :

"*A priori* rien à signaler, juste qu'il traînait dans le quartier."

Avec raison, Robert met l'accent sur le verbe *traîner*. A l'exception d'automobilistes perdus à la sortie de la ville, personne n'aurait l'idée de venir flâner dans le quartier. Surtout à 20 h 50, un soir d'automne, quand cette partie de la ville ressemble à une zone brutalement désertée par ses habitants. Morte.

Sous prétexte d'avoir souvent promené Cécile et Nicolas, ses enfants, du côté de l'allée des Lupins et dans les rues avoisinantes, Robert prend la tête de l'expédition. Tout en dirigeant Henri dans un écheveau d'impasses et de raccourcis, il se tord le cou dans l'espoir d'apercevoir quelque chose. Après dix minutes, déçu, il suggère de prendre la direction de l'ancienne station-service du boulevard Saint-Martin, un endroit où déboucherait le fameux chemin sur lequel s'était engagé l'individu au comportement si étrange. Robert en est maintenant persuadé, les intentions du gars n'étaient sûrement pas très honnêtes :

"Je ne dis pas qu'il va commettre un crime dans l'heure, nuance-t-il. Je dis juste que ce type n'a pas à traîner dans le coin. Ici ce n'est ni Hollywood Boulevard ni les Champs-Elysées. Ici tout le monde se connaît, au moins de vue. Lui, je peux te dire qu'il n'a pas l'allure des gens de par ici."

Henri comprend tout ce que Robert lui dit. C'est d'ailleurs ce qu'il apprécie tant chez son coéquipier : ses raisonnements sont tous simples et carrés. Chez lui, pas d'allusion, pas de second degré, aucune théorie compliquée. Des traits de caractère salués par Henri, lassé de lire et de relire la lettre que lui avait laissée Hélène.

Arrivé sur l'emplacement de l'ancienne station, c'est encore Robert qui fait la visite de ce qui n'est plus qu'un vaste périmètre où macadam et mauvaises herbes se disputent le terrain. Par gestes, il désigne l'emplacement des bâtiments aujourd'hui disparus : le garage principal, et le baraquement dans lequel trônait jadis le caissier, un vieux gars de la région dont le fils est mort sur une autoroute espagnole. Débuts et fins commentés par Robert, intarissable dès qu'il s'agit de raconter les histoires du quartier :

"C'est le fils qui s'occupait de la mécanique. Pour l'essence, tout le monde allait déjà au centre commercial. Sans la mécanique, six mois après la mort du fils, l'affaire était entendue. Sur le tard, le vieux a bien cherché à embaucher, mais c'était mission impossible."

Tout en parlant, Robert scrute la lisière du terrain, cherchant la silhouette d'un homme vêtu d'une veste trois quarts. Il a déjà la main sur le téléphone : "Ici, on est très bien placés, dit-il à l'adresse d'Henri. S'il est dans les parages, le type va nous voir et va repartir vers le quartier. Avec les autres patrouilleurs, on pourrait le prendre à revers. Tu imagines ? Le gars coincé là-dedans ?"

Là-dedans désigne une zone verte née sur les tonnes de gravats oubliés par un promoteur négligent. Appelée généreusement "les bois", l'aire de jeux est appréciée des petits et des grands. Royaume, selon les âges, des filets à papillons, ou de la *capote à Riton*, expression à la mode pour désigner des pratiques sexuelles vieilles comme le monde. C'est encore de Robert qu'Henri tient ces informations. Depuis qu'ils font équipe, Henri ne se lasse pas des confidences de Robert, ni de ses principes de vie.

Sans boulot, sans attache, sans femme, traversant, pour tout dire, une phase solitaire morne et triste, Henri s'était empressé d'adopter le vocabulaire et le mode de vie de son coéquipier. Désormais, au lieu de tourner en rond, le matin, Henri lisait les journaux de la région, comme Robert. L'après-midi, après la sieste, il rédigeait le rapport de la patrouille de la veille. Y étaient consignées toutes les observations utiles au coordinateur, fonction remplie par M. Durant. Un rôle essentiel. Ce soir, par exemple, si le suspect apparaît, Robert devra appeler le coordinateur qui, lui, préviendra les autres patrouilleurs et/ou la police.

Tout est formidablement organisé.

Suivant toujours les indications de Robert, Henri place la voiture en face du chemin. Quand les roues touchent les premiers buissons, il coupe les phares, le temps pour Robert d'échafauder un plan :

"S'il est là, il va en profiter pour filer comme un lapin. On va le surprendre, je compte jusqu'à trois et tu rallumes pleins feux. Pleins feux !"

Le décompte est rapide. Après les trois coups réglementaires, le chemin est éclairé comme une scène de théâtre. Au centre, étendue bras en croix, la vedette de la soirée est offerte sur un plateau. Robert n'en revient pas :

"Incroyable ! Merde alors !"

Sans prendre le temps d'appeler qui que ce soit, Robert sort de la voiture et court dans les herbes. On dirait un film. Après trois mètres, Robert, toujours lui, commande de ne pas bouger. Reproduisant à l'identique les gestes enseignés lors de leur brève formation, il pointe sa lampe de poche, droit devant lui.

"On ne bouge pas, on ne bouge pas !" répète-t-il.

Son ordre ne reçoit pas d'autre réponse que le ronronnement habituel de la circulation sur la voie rapide située à l'est, de l'autre côté du centre commercial.

Aucun bruissement insolite.
Aucune plainte.
Aucune supplication.
Aucun danger apparent, Robert s'obstine pourtant à crier :
"On ne bouge pas ! On ne bouge pas !"
Henri ne fait pas un geste non plus, au cas où.

BOULEVARD SAINT-MARTIN (1)

Si les sommations de Robert sont fidèles aux recommandations de M. Durant, elles ne sont pas utiles face à un type qui, de toute évidence, n'est plus en état de bouger. Formant un angle droit, son cou repose sur son épaule droite. Plus haut, le front est enfoncé dans le crâne de l'individu dont les yeux, révulsés sous des paupières mi-closes, suffiraient à convaincre n'importe quel indécis. Le gars est mort, pas de doute.

Sous le choc, le cerveau d'Henri tourne au ralenti. Robert en profite pour s'imposer, une fois de plus. Sûr de lui, la main brandissant toujours la lampe de poche, il ordonne à Henri d'aller couper les phares. Après quelques instants, il le rejoint près de la voiture, met le téléphone dans la boîte à gants, et fait le point de la situation, comme s'il était chef d'état-major :

"Sur ce coup, on va devoir se serrer les coudes."

L'assurance de Robert n'est pas surprenante. Bâti comme une armoire, l'homme ne dénoterait pas dans un défilé d'anciens gardes républicains ou de parachutistes à la retraite. Imposante, sa carrure inspire naturellement respect et confiance, surtout la nuit, quand un mort est couché le long d'un boulevard fantôme sur lequel ne passe aucune voiture.

Secrètement, Henri aimerait qu'Hélène soit là pour le voir aux côtés du géant. Cette vision la ramènerait à de meilleurs sentiments, surtout si elle entendait les propos de Robert :

"Heureusement, tu es là, dit-il à Henri. Je vais avoir besoin de toi, parce que, ce type, on va devoir le déménager, et je ne pourrais pas le déplacer tout seul."

Henri est flatté d'entendre Robert lui demander de l'aide, mais il s'interroge sur la nature du service, alors qu'il suffit de suivre la procédure à la lettre. Concrètement, le règlement prévoit qu'ils appellent la police, ou M. Durant, coordinateur. Robert doit le savoir, or, il n'a pas l'air de penser à cela. Il le confirme d'ailleurs à Henri sur le ton de l'évidence :

"Pour nous deux, ce serait mieux qu'on trouve ce type ailleurs. Loin d'ici, de préférence."

Trois semaines après le départ d'Hélène, Henri avait rêvé que le pays était en guerre. Des bombardements obligeaient la population à se réfugier dans des abris dont le plus important était dirigé par un certain M. Jo, exacte réplique du maître nageur de la piscine municipale dans laquelle Henri avait jadis appris à nager. Devant les portes du refuge, ce M. Jo avait tout de suite reconnu Henri. L'entraînant loin des oreilles d'Hélène, il lui avait confié un groupe d'enfants à convoyer secrètement vers un hôpital proche.

Pour ne pas inquiéter son épouse, Henri était sorti par une porte dérobée.

Durant deux jours, Henri avait affronté les pires dangers, mais il ne s'était pas dégonflé. Sa mission accomplie, il avait pris le chemin du retour. Nouvelles péripéties. Le jour où il réussit enfin à rejoindre l'abri, ce dernier avait été évacué car la guerre était terminée. Délivrée, la population l'avait pourtant attendu pour le porter en triomphe. Au premier rang du défilé, Henri avait reconnu M. Jo, le maître nageur, et, juste derrière, Hélène, émue aux larmes. Cette nuit-là, Henri avait ressenti des émotions d'une intensité incroyable qui pourraient expliquer son intérêt pour les patrouilles imaginées par M. Durant. Inconsciemment, cela devait lui rappeler de bons moments.

Des acclamations.

Des héros sauvant des veuves et des orphelins.

Une foule d'anonymes clamant son nom.

Avant cet épisode romanesque, Henri, casanier, peu sportif, frêle, préférait la prudence à l'aventure. Dans sa lettre, Hélène n'avait d'ailleurs pas oublié de souligner ce caractère, accusant son mari d'être transparent, éteint. C'est pourtant ce même Henri qui, en pleine nuit, sans prendre la fuite, écoute Robert se lancer dans une démonstration pour le moins étonnante :

"Admettons que les autorités descendent sur le terrain. Dans les cinq minutes, Régis Weiss débarquera avec son numéro. Tu le connais, tu te souviens de ce qu'il a fait pour dénoncer les patrouilles ? Cette fois, ça va être pareil en pire : il va rameuter le quartier, les journalistes, les voisins. Le ton va monter et, pour nous, ce sera fini. Tu m'entends ? Ce sera fini !"

Henri tient à suivre le raisonnement jusqu'au bout : "Qu'est-ce que tu veux dire exactement ? Qu'est-ce qui sera fini ?

— *Nous*, lui répète un Robert excédé, *pour nous, ce sera fini !* Terminé ! C'est facile à comprendre : Régis Weiss m'a surpris à l'entrée d'un chemin sur lequel je découvre moi-même un cadavre une heure plus tard. Bavard comme il est, Régis se fera un plaisir d'en informer la police. Résultat : je serai le suspect idéal. C'est mathématique.

— Mais j'étais avec toi…

— Non, tu n'étais pas avec moi : tu m'attendais dans la voiture. Ce n'est pas vrai ?"

Henri est bien obligé de le reconnaître.

Si quelqu'un venait lui poser des questions, il répondrait effectivement que Robert était parti seul vers l'allée des Lupins. C'est en tout cas ce qu'il lui avait déclaré. Lui-même n'avait aucune information, il n'avait rien *vu*, puisqu'il attendait dans la voiture un Robert plus en retard que les autres jours. Soudain mal à l'aise, Henri réalise la portée d'une remarque aussi innocente que : *Plus en retard que les autres jours.*

Sur ce point, on lui demandera sûrement des explications.

Il faudra donner des chiffres, donner des gages, se souvenir de détails qu'on lui reprochera d'avoir oubliés. Même si on ne lui posait que des questions ordinaires, Henri craint de s'emmêler les pinceaux, ce qui, pour Robert, pourrait peser lourd dans la balance. Henri a le vertige. Il refuse d'imaginer son coéquipier pris pour cible. Il déteste l'idée d'avoir à le défendre. Par-dessus tout, il regrette d'avoir à prendre une décision dans l'urgence. Il aimerait avoir le temps d'analyser la situation assis dans un fauteuil, ou sur le bord de son lit comme il l'avait toujours fait.

Le jour où il avait reçu sa lettre de licenciement, c'est là qu'il avait réfléchi à la meilleure façon de l'annoncer à Hélène. Là aussi qu'il avait choisi de garder la commode pour éviter aux maladroits bouquets de fleurs de prendre une valeur qui ne leur revenait pas.

Nerveux, Henri estime mal les effets des paroles qui pourraient lui échapper. Il lui faudrait une ou deux heures de calme, au lieu de cela Robert le presse de questions :

"Tu as une bâche ? Dans ton coffre, tu as une bâche ? Des cordes ?"

Henri ne bouge pas. Une désertion sévèrement condamnée :

"Tu ne veux pas m'aider ? l'accuse Robert. C'est cela ? Tu ne veux pas m'aider ? Tu vas rester ici, sans bouger jusqu'à l'arrivée de l'emmerdeur, de la police ? Tu ne protesteras pas non plus quand ils me feront monter dans leur voiture banalisée ? En route vers le commissariat ? Je vais te dire ce qui va arriver : avant minuit, tout le quartier sera au courant. Les lumières et l'agitation vont réveiller Marie-Jeanne, mais il n'y aura personne pour la réconforter. Demain, mon nom sera dans le journal ; mon nom, mais aussi celui de Marie-Jeanne, parce que je la connais : elle sera morte avant l'aube. Ses nerfs vont lâcher ! Sans moi, elle va se tuer avec les chiens ! Pour les enquêteurs, ce sera une preuve supplémentaire. Ils diront qu'elle était au courant, mais qu'elle n'a pas supporté le poids du secret ! A ce moment-là, même s'il y a un miracle, même s'ils finissent par me relâcher, ce sera trop tard. Tu comprends maintenant ce que je voulais te dire ? Pour moi ce sera fini !"

Les épaules d'Henri sont aussi lourdes que des enclumes.

Il souhaiterait dire quelque chose, mais Robert ne lui en laisse pas le temps :

"Pour toi aussi ce sera fini. Ne crois pas que cela me réjouisse, mais on va trinquer tous les deux. Le Régis Weiss ne va pas t'oublier, fais-moi confiance. Tout à l'heure, quand je l'ai croisé, tu sais ce qu'il m'a dit ?"

Henri n'a pas le temps de s'attendre au pire, ni le réflexe de se boucher les oreilles :

"Je ne voulais pas t'en parler parce que ce n'est pas mon genre de rapporter les médisances, mais il faut bien que tu saches à quoi t'attendre : l'emmerdeur, quand je l'ai croisé, il radotait à propos de l'article du journal. Il était très content, très très content. Pour lui, le seul inconvénient sera pour l'image du quartier. Un quartier formidable où tout le monde se plaît. Sauf ta femme, c'est ce qu'il m'a dit. Texto. Il m'a dit : *«Sauf la femme de votre ami, le monsieur de l'impasse des Freesias. Du jour au lendemain, on ne l'a plus vue. Une disparition, jamais officiellement signalée.»* Il n'a rien dit de plus, mais il ne va pas te lâcher, crois-moi."

Robert est catégorique. Henri est un peu déprimé.

IMPASSE DES FREESIAS (1)

C'était près de trente ans auparavant, quinze mois après leur mariage. Henri s'en souvient comme si c'était hier. Ce jour-là, Hélène avait lu l'annonce dans un journal et avait tout de suite fait des calculs, des projets. Le lendemain, son père s'était invité pour la première visite du pavillon. Lui aussi, comme sa fille, pensait que c'était une bonne affaire. La maison était en parfait état, et, selon le notaire chargé de la transaction, les propriétaires, mutés dans une autre région, consentiraient à baisser leur prix pour accélérer la vente. Par exemple, ils ne demanderaient sans doute rien pour la cuisine installée six mois auparavant.

Passant de pièce en pièce, Hélène s'émerveillait de l'espace dont ils disposeraient.

Dans le même sens, son père exagérait le nombre de chambres, comme si le nombre de chambres les inciterait à concevoir un nombre proportionnel d'enfants. Son enthousiasme sonnait comme un reproche visant directement Henri dont le logement, dans lequel il avait accueilli Hélène, comportait seulement quatre pièces. Le père d'Hélène estimait que c'était insuffisant pour espérer y avoir des enfants. Cette maison, par contre, était l'endroit idéal : il y avait même un jardin. Sympathiques, les propriétaires accepteraient sûrement d'y laisser la balançoire. Ils avaient accepté.

Henri s'était laissé convaincre d'acheter la maison, parce qu'il n'avait pas trouvé d'arguments pour refuser. Le père d'Hélène avait versé le premier acompte, des collègues avaient aidé pour le déménagement, un beau-frère avait construit les étagères, Henri avait régulièrement tondu la pelouse. Mais il n'y avait pas eu d'enfants.

Peu de temps après l'emménagement, Hélène, encouragée par son père, avait suggéré qu'ils aillent faire des tests médicaux, Henri ne s'y était pas opposé. Le laboratoire avait rendu son verdict deux semaines plus tard : pas d'anomalie, pas d'incompatibilité génétique.

Caprice de la nature.

Secrètement, Henri rêvait d'être à l'origine du blocage.

Apprendre que son corps exprimerait des sentiments que lui-même n'arrivait pas à formuler le fascinait. Henri n'aimait pas les enfants.

S'il en avait eu, il les aurait acceptés, mais, puisque la nature l'avait voulu ainsi, il se félicitait d'avoir pu éviter les couloirs de maternité, les comptines de

Noël et les jardins publics dominicaux. Pour une fois, le ciel l'avait entendu.

A mesure que s'accumulèrent les mois et les années, l'évidence s'était imposée aux yeux des plus sceptiques, même aux yeux du père d'Hélène qui, résigné, était venu démonter la balançoire. De la fenêtre du premier étage, Henri avait suivi l'opération avec gourmandise. C'était la fin d'un interminable bras de fer. Une page se tournait.

Puisqu'ils n'avaient pas d'enfant, Hélène et Henri n'avaient pas cherché à sympathiser avec leurs voisins dont la plupart se fréquentaient surtout pour organiser des retours d'école ou des départs à la piscine ; plus tard, les comités de voisins s'étaient réunis pour planifier les communions, les sorties en boîte, les vacances, un enterrement : celui d'un gamin de la rue des Tulipes. Loin de ces obligations, Hélène et Henri avaient vieilli et pris leurs aises dans la maison. Quand Hélène avait souhaité installer un salon de lecture au premier étage, Henri l'avait aidée à y monter une armoire, puis un divan sur lequel elle avait souvent dormi ces derniers mois. C'est là qu'Henri se réveille, hébété.

Il fait jour.

Sur la table, là où Hélène avait l'habitude de déposer les livres en cours de lecture, Henri distingue trois bouteilles de vin, vides. Pas de verre. Avachi sur le divan, Henri ne voit rien d'autre que le ciel nuageux, les rideaux ouverts, le bord de la fenêtre, le coin du mur, la table, les bouteilles. Avec peine, il se tourne pour observer le reste de la pièce, peut-être aussi le couloir, si la porte est restée ouverte.

A chaque mouvement, ses muscles lui rappellent qu'il ne s'est pas épargné.

Vague souvenir d'avoir bu trop de vin pour oublier l'heure passée sous la douche, les habits fourrés dans le sac-poubelle. Le sac-poubelle dans la voiture. La voiture dans le garage.

Subsiste aussi l'image des clés laissées sur la table de la cuisine. C'est là qu'il avait pris le vin, des bouteilles millésimées offertes par le père d'Hélène pour les grandes occasions.

C'en était une.

Alors qu'ils étaient encore sur l'emplacement de l'ancienne station-service, Henri l'avait deviné : quoi qu'ils fassent, la soirée mériterait une cuite à l'arrivée. Cette perspective l'avait encouragé à baisser le menton plusieurs fois, dans un geste de capitulation tout de suite bien interprété par Robert. Bien accueilli, surtout :

“Très bien. On va pouvoir s'y mettre, avait dit Robert en montrant le mort. Fais-moi confiance, j'ai mon idée. Tu n'auras qu'à suivre.”

Henri s'en voulait d'accepter les ordres d'un type qui n'était finalement qu'un voisin. *Un voisin qui, peut-être, avait fait des conneries avant de le rejoindre dans la voiture.* C'est d'ailleurs parce que Henri avait eu cette pensée qu'il avait accepté d'apporter son aide à Robert. Il savait qu'il n'aurait pas la force de lui résister.

La suite fut une horreur : tous les deux avaient ficelé le corps dans son manteau, puis mis le paquet sur le siège arrière de la voiture d'Henri. Sous prétexte de bien connaître les lieux, Robert avait ensuite pris le volant et les avait conduits par des routes de campagne jusqu'à une aire de stationnement en aval du barrage où des barrières interdisaient aux touristes de s'approcher des berges abruptes et souvent inondées. Sans le voir, on entendait la force du torrent, Robert s'en était félicité :

"Le courant va l'emporter loin de chez nous, on aura évité le pire."

Pour se protéger, Henri Frot ne souhaite pas revoir cet épisode qui pourrait lui coûter des années de liberté. Bercé par les paroles de Robert et la chaleur de l'ivresse, Henri avait cru qu'il s'en sortirait. Ce matin, il se rappelle, mais un peu tard, qu'il a passé l'âge des contes de fées : des policiers sont devant sa porte, et frappent contre le panneau de bois.

C'est ce qui l'a réveillé :

"Henri Frot ? Ouvrez ! C'est la police, on aimerait vous parler !"

IMPASSE DES FREESIAS (2)

Pessimiste, Henri Frot descend l'escalier comme s'il descendait dans les sous-sols de l'enfer. Sa vie va basculer ici, ce matin, devant sa porte, sous les yeux de ses voisins. Dans quelques heures, il en est sûr, on l'enverra moisir dans une prison insalubre. Il y restera longtemps, et il y restera seul car Hélène ne reviendra pas pour lui apporter le réconfort et l'aide dont il aura besoin.

Les dernières marches sont un supplice.

A toute vitesse, il cherche ce qu'il pourrait improviser pour justifier le calvaire qui s'annonce. Il ne trouve rien. Aucune idée originale, aucun slogan, pas de *je meurs innocent*, ou de *je meurs pour la liberté*, aucun mot d'esprit, alors il ouvre la porte sans rien dire.

Deux hommes le saluent, l'un d'eux est en uniforme :

"Bonjour, on ne vous dérangera pas longtemps, dit-il avec une étrange amabilité. C'est une enquête de voisinage à propos des faits constatés ce matin, j'imagine que vous êtes au courant."

Le policier n'a pas l'air menaçant. Henri s'accroche à cette intuition avant de lui répondre :

"Pardon messieurs, mais, non, je ne suis pas au courant *des faits constatés ce matin.*"

Conscient que tout ce qu'il dira pourrait se retourner contre lui, Henri veille à ne pas s'écarter des mots utilisés par les autorités. Il attend la suite. C'est l'autre policier, en civil celui-là, qui se charge de lui résumer la situation :

"Ce matin, le corps d'un homme a été retrouvé dans une voiture garée à quelques rues d'ici. On fait le tour des maisons pour savoir si quelqu'un a remarqué quelque chose d'inhabituel hier soir, cette nuit, ou ce matin."

Cette fois, Henri ne sait plus d'où pourrait venir le danger. Le moindre mot risque de lui être fatal, il en est sûr. Prudent, il se contente de secouer la tête et de répéter :

"Non. Non, non. Non, vraiment, non, je n'ai rien remarqué.

— C'est votre maison ? Vous vivez seul ?

— Plus ou moins, répond Henri en se demandant si c'est le moment de déclarer officiellement le départ de sa femme – le *départ*, et non la *disparition*, comme l'insinuait Régis Weiss. C'est ma maison et celle de ma femme, nous vivons ensemble, sauf depuis quelques mois. Dans une lettre, elle m'a écrit qu'elle désirait habiter de son côté. Dans une vie de couple, ce sont des choses qui arrivent…

— Oui, ce sont des choses qui arrivent, acquiesce le flic en uniforme, sans rien laisser voir de ce qu'il pense de la question. A propos d'hier, reprend-il, vous n'avez rien remarqué ? Mais vous étiez de sortie ? On m'a dit que vous faisiez partie des citoyens qui patrouillent dans le quartier. Vous étiez bien de sortie ? Vous faites équipe avec Robert Donnay, c'est cela ?"

De toute évidence, des informations ont déjà circulé. Dans ces conditions, Henri regrette d'avoir à parler sans savoir ce qui s'est dit ailleurs, mais il se sent obligé de répondre quelque chose :

"Oui, Robert Donnay, c'est bien cela, dit-il sans se mouiller.

— Et donc, hier... ?

— Comme d'habitude. On s'est retrouvés comme d'habitude, on a fait le tour du quartier, mais rien à signaler. La voiture dont vous me parlez, c'était de quel côté ?

— Du côté de l'avenue des Lys."

Discrètement, Henri pousse un soupir de soulagement.

L'avenue des Lys est de l'autre côté du lotissement, loin de chez lui, et surtout loin de chez Robert, même si Henri juge improbable que ce dernier soit retourné près du barrage pour y récupérer un mort qu'il aurait ensuite abandonné dans une voiture garée dans le quartier.

Cela aurait fait beaucoup pour un homme seul.

Cela fait surtout beaucoup de morts pour un lotissement qui, dès la nuit tombée, ressemble d'ordinaire à une zone évacuée. L'incompréhension d'Henri n'est pas une façade, il l'exprime :

"Incroyable. Je ne sais pas quoi vous dire d'autre : c'est incroyable."

Les policiers sont de cet avis, mais ils ne l'énoncent pas aussi simplement. Appliqué, le civil résume les déclarations d'Henri :

"Donc, vous êtes sortis comme d'habitude, mais vous n'avez rien remarqué de particulier.

— Exact, confirme Henri.

— Vous n'avez donc pas croisé M. Denis Lassalle ? Ou la voiture de Denis Lassalle ?"

La question arrive au cerveau d'Henri comme un missile sur un bateau ennemi.

"Cette fois on y est", pense-t-il. Cette fois la guerre est déclarée.

Cette fois, il faudra choisir de s'engager ou non.

Lucide, Henri sait que s'il reconnaît avoir vu la voiture de Denis Lassalle, et même l'avoir vue *deux* fois, il lui faudra expliquer le déroulé complet de la soirée d'hier, qui contrairement à ce qu'il disait ne fut pas si ordinaire, notamment parce que Robert est arrivé en retard. *Plus en retard que les autres fois.* Un retard que Robert n'a pas justifié sur le moment, autrement préoccupé par une silhouette égarée vers l'allée des Lupins. S'il s'aventure sur ce chemin, Henri redoute de creuser sa propre tombe. Il sait qu'il en dira trop, ou pas assez. Il sait, surtout, que son discours manquera de naturel. Pour l'éviter, Henri préfère taire la vérité, ce qui, là encore, pourrait être lourd de conséquences, mais Henri n'a pas le temps de s'en inquiéter :

"Non, dit-il d'un air concentré. Non, je n'ai vu ni l'un ni l'autre. Pas de voiture. Pas de bonhomme. Pourquoi, il y a un rapport avec votre histoire ?"

Peut-être parce que la femme du flic en uniforme est partie, mais sans laisser de lettre, elle. Peut-être parce qu'il voit bien qu'Henri n'est pas dans son assiette, ce qui, pense-t-il, est le lot de tous les maris qui se font larguer par leur femme. Par solidarité, donc, c'est lui qui dévoile l'élément principal de leur enquête :

"Vous l'apprendrez de toute façon, dit-il pour justifier la confidence. Le mort qu'on a trouvé, on l'a trouvé dans le coffre de la voiture de Denis Lassalle. Lui, par contre, personne ne l'a vu."

AVENUE DES LYS (1)

Les policiers partis, Henri titube jusqu'à la cuisine pour s'asseoir et y revoir les images de la veille. L'alcool n'a rien effacé. Arrivé à la fin de la bobine, Henri tente de se faire une opinion, ce qui n'est pas très facile. Après trois tasses de café, il pense que Robert et lui n'ont pas forcément eu tort d'agir comme ils l'ont fait, dans le sens où ils ont ainsi sauvé leur peau et la réputation du quartier. A l'inverse, une tasse de café supplémentaire plus tard, Henri est certain que c'était une connerie. Sans leur intervention, l'enquête de la police serait très différente puisque les autorités auraient deux cadavres sur les bras. Ce qui est tout autre chose.

A force de tourner en rond, les idées d'Henri sont de plus en plus noires. Toutes le montrent derrière les barreaux ou, pire, derrière Robert sur la liste des victimes d'un tueur en série qui n'aura pas apprécié qu'on escamote l'une de ses victimes. Une opération folle.

Un exploit, pourrait-on aussi convenir, venant d'un homme accusé par sa femme d'être une mauviette, un lâche. Secrètement, dans les plis les plus profonds de son cerveau, là où sont conservés les souvenirs de sa résistance à la paternité, au plus intime de lui, donc, Henri se félicite d'avoir été à la hauteur. Au départ, ce n'était pas gagné.

Désormais, il faut tenir.

Se donner en spectacle.

Aller voir les autres.

Retourner sur le théâtre des opérations.

Dans les rues de son quartier.

Auprès de ses voisins.

Avant de sortir, armé d'une lampe de poche, Henri inspecte l'intérieur de sa voiture. Geste d'un homme prêt à tout pour garder la tête hors de l'eau. Apparemment, tout est normal.

Dehors, par contre, malgré le froid et l'humidité, l'agitation est exceptionnelle.

Aux sirènes de police s'ajoute une circulation d'une densité inédite pour un jour de semaine. A l'entrée de l'avenue des Lys, les policiers ont même dressé un barrage, ce qui donne à l'endroit des airs de série américaine. Des voitures encombrent les trottoirs, un attroupement s'est formé contre les barrières. Henri y reconnaît quelques voisins, perdus dans une foule de gens étrangers à cette partie du quartier, la plus luxueuse du lotissement.

Dans l'avenue des Lys, une artère bordée de marronniers, toutes les maisons valent en effet trois fois le prix du pavillon d'Henri, et peut-être deux fois celui de Robert. Les jardins y sont plus grands et les arbres plus hauts. Toutes les architectures ont été personnalisées. La maison de Denis Lassalle, par exemple, a un double toit en tuiles rouges, des châssis bleus, une terrasse sur le côté et une porte de garage capable de laisser passer deux voitures. Autant de caractéristiques abondamment commentées par le public rassemblé dans la rue. Tous se plaignent de la bâche tendue devant l'allée du garage :

"On n'y voit rien, se désole un monsieur.

— Ce matin, je suis passée avant qu'ils mettent un écran, mais il n'y avait rien d'autre à voir qu'une voiture garée devant la maison", lui répond son voisin.

Les abandonnant à leur déception, Henri se félicite, lui, de ne pas trouver Robert aux premiers rangs des spectateurs. Une telle rencontre l'aurait mis mal à l'aise. Ses allusions à la veille – parce qu'il aurait forcément dû faire allusion à la veille, au moins dire *bien rentré ? bien dormi ?* – l'auraient perdu. Sa gêne aurait été aussi visible qu'un gyrophare dans la nuit. Quelqu'un l'aurait remarqué et s'en serait souvenu au plus mauvais moment. Par exemple lors de la visite d'un policier. Ce *quelqu'un*, sans même vouloir lui nuire, aurait alors pu répondre : "Tout était normal, monsieur l'agent, je n'ai rien remarqué, sauf Henri Frot, un voisin de l'impasse des Freesias. Il était fébrile. Il bredouillait. Il était nerveux, très nerveux."

Apparemment rien de grave, mais suffisant pour le condamner à finir ses jours en prison.

Concentré, Henri Frot se dirige vers les silhouettes qui lui sont familières : celles de Régis Weiss, de M. et Mme Durant, et d'autres membres de l'équipe de patrouilleurs. Des mains se lèvent à son approche, M. Durant s'avance pour le saluer et donner ses premières impressions :

"C'est terrible. Terrible."

Debout à ses côtés, Régis Weiss se montre plus incisif :

"Il fallait s'y attendre : *la violence engendre la violence.*"

La remarque irrite M. Durant :

"S'il vous plaît ! Laissons à la police le temps de faire son travail, et, par pitié, épargnez-nous vos slogans. Nous ne sommes pas à une réunion de parti !

— *Laissons la police faire son travail ?* ironise l'ancien prof, ravi de voir le poisson mordre à l'hameçon. Il n'est pas si loin le temps où vous prêchiez l'urgence à rassembler des troupes de volontaires pour combattre l'immobilisme des autorités. Aujourd'hui, on en voit le résultat…

— Vos raisonnements faciles ne m'impressionnent pas, monsieur Weiss, gardez-les pour vos amis de la presse. De mon côté, je continuerai à remuer ciel et terre pour protéger ma famille et mon quartier. Pour rappel, je n'ai jamais eu d'autre ambition que celle-là."

Comprenant que cet échange est une bénédiction pour ces adeptes du sport cérébral, Henri regarde ostensiblement vers la maison de Denis Lassalle. Pareillement, quand Hélène choisissait un ton chargé de sous-entendus pour lister ses reproches, Henri regardait ostensiblement le mur, le jardin, une mouche. N'importe quoi pour laisser passer les querelles dans lesquelles Hélène tentait de l'embarquer. Dans la lettre, elle n'avait évidemment pas oublié de rappeler cette façon qu'il avait de se distraire d'elle, le message commençait même par cela : *Je t'écris pour ne pas te voir regarder ailleurs.* Aujourd'hui, Henri se demande ce qu'elle penserait de lui. Le trouverait-elle encore lâche, alors qu'il s'est mis en danger, la veille, pour aider un ami ? Lui reprocherait-elle encore son détachement alors qu'il dissimule un comportement exceptionnel ?

Sur ce point, M. Durant ne lui laisse pas le temps de s'égarer longtemps :

"Vous connaissez M. Weiss, c'est une langue de vipère. Il a besoin de sentir l'adversaire, il a besoin de s'opposer ; pour lui, c'est une façon d'exister. Sans me vanter, j'ai fait un peu de psychologie, M. Weiss appartient à cette catégorie de gens dont les experts disent qu'ils font tout pour attirer l'attention, ce qui fait d'eux des êtres pathologiques."

A quelques mètres de la villa de Denis Lassalle, l'exposé de M. Durant ne manque pas de surprendre Henri qui, du coup, se demande quelle étiquette le commerçant psychologue collerait à Hélène, à lui.

La question est pour l'instant hors sujet, car Régis Weiss reste au cœur des conversations :

"Au moins, tout le temps où il travaillait, on ne l'avait pas sur le dos, relève M. Durant. On peut dire que la retraite ne lui a pas fait du bien. Vous l'avez vu à l'œuvre..."

Inquiet d'être pris à témoin, Henri laisse filer son regard jusqu'au groupe de policiers bavardant près de la fameuse bâche. Au milieu des hommes en uniforme, se tient un voisin qu'Henri repère facilement : c'est lui qui avait prodigué les conseils de base aux patrouilleurs. Henri le reconnaît aussi à cause des remarques de Robert sur l'éclairage révolutionnaire de sa pelouse. Henri n'a pas retenu le nom du conseiller sécurité, alors il s'adresse à M. Durant, l'interrompant dans ses théories comportementales :

"Ce n'est pas... ?

— Jacques Sauter, oui c'est lui. Avant d'être instructeur dans le privé, Sauter a fait dix ans dans la police. J'imagine qu'il retrouve des collègues."

Henri n'avait pas retenu ce détail.

Le jour où Jacques Sauter, sexagénaire trop bronzé pour la région, était venu leur enseigner l'art de transformer une simple lampe de poche en arme défensive, Henri s'était surtout appliqué à reproduire les gestes que d'autres faisaient avec beaucoup d'agilité. Ce n'était pas gagné. Le lendemain, soir de patrouille, Robert avait fait un détour pour lui montrer la maison de leur conseiller défense, une sorte de villa américaine plantée au milieu d'une pelouse coupée à l'anglaise. Comme s'il était représentant commercial, Robert lui avait vanté l'éclairage du jardin :

"Du *tout automatique*. Si quelqu'un met le pied dans le jardin, tout s'allume comme en plein jour. Plan haute sécurité garanti. Avec ça tu peux garder l'or des Incas sans te faire de cheveux blancs.

— Le prof de gymnastique est archéologue ? avait demandé Henri pour montrer qu'il s'intéressait aux informations données par Robert.

— Je ne crois pas. Je disais *l'or des Incas*, comme j'aurais dit *les joyaux de la couronne*, c'était pour illustrer l'efficacité du système. Pour dire que la maison est bien gardée. Quant à la profession actuelle de Jacques Sauter, si tu me poses la question, j'avoue que je sèche. Je peux juste dire qu'il a progressé dans l'échelle sociale. Avant, il habitait une maison à l'autre bout du quartier, pas très loin de chez toi, d'ailleurs. Depuis quelques années, il s'est installé dans la partie *haute*, ne me demande pas pourquoi. Ni *comment*", avait-il dit en frottant son pouce et son index.

Au souvenir d'Henri, Robert ne s'était pas plus attardé sur les raisons de ce déménagement. Il ne lui semblait pas non plus que Robert ait signalé que le moniteur de sport fut un jour policier, détail qu'Henri aurait sans doute retenu au prétexte que, d'ordinaire, les policiers n'habitent pas des villas américaines construites sur des gazons haute sécurité. Qu'importe d'ailleurs aujourd'hui, car c'est toujours Régis Weiss qui fait l'actualité :

"… ce qui lui reste en travers de la gorge, c'est qu'il n'était pas là ce matin, juge M. Durant. Tout lui échappe, il est perdu. Ce midi, il est rentré d'un voyage de quatre jours en Normandie et il trouve le quartier sens dessus dessous. D'un rien, il ratait même tout le spectacle. Maintenant qu'il est là, il occupe l'espace, il veut être vu, cela lui ressemble bien. Ce qu'il oublie de dire, c'est que nos conseils de vigilance ne sont pas restés lettre morte. La preuve : n'obtenant pas de réponse de Denis Lassalle chez qui elle sonnait pour l'avertir que son coffre était resté ouvert, sa voisine a eu le réflexe de prévenir la police. La procédure suivie à la lettre ! On ne pouvait pas rêver meilleure démonstration. Evidemment, cela ne fait pas l'affaire de Régis Weiss, lui préfère vociférer…"

Henri, lui, aimerait que Robert vienne lui expliquer ce que Régis Weiss faisait dans l'allée des Lupins, la veille au soir, alors que tout le monde le croyait en Normandie.

Au chapitre des énigmes, il aimerait aussi savoir si Robert s'est aussi fait déranger ce matin par la police, et ce qu'il leur a dit. Mais, par-dessus tout, Henri Frot aimerait demander à Robert pourquoi il n'est pas sur le trottoir comme l'ensemble des voisins, de leur famille et des familles apparentées.

IMPASSE DES FREESIAS (3)

Dix ans auparavant, Henri avait jeté une bouteille sur le sol pour mettre fin à une discussion avec Hélène. C'était un dimanche soir. Toute la journée, elle l'avait poursuivi en agitant une liste de promesses qu'il n'avait pas tenues. Selon le moment, il avait été question de vacances annulées, de travaux, d'un anniversaire reporté, et, en bout de course, des enfants qu'ils n'avaient pas eus. Le sujet avait soudain attisé une irritation dominicale, sans surprise jusqu'alors. La voix d'Hélène était montée dans les aigus. Avec de grands gestes, elle avait martelé des arguments, proféré des menaces et lancé des appels, comme si elle avait eu à mobiliser des étudiants en droit ou les membres d'une communauté religieuse. *"Moi, j'étais pour. Moi j'étais pour !"* hurlait-elle, alors que personne ne lui demandait rien. Longtemps, Henri l'avait regardée sans lui répondre, estimant que la nervosité d'Hélène pouvait avoir des origines hormonales.

Au moment du repas, Hélène était revenue à la charge.

Ses reproches s'étaient mués en accusations : elle n'avait pas hésité à ressortir son père du cimetière où l'absence de petits-enfants l'aurait poussé prématurément. *"Si on avait eu des enfants, il serait encore là,* disait Hélène en exagérant son émotion. *Il rêvait d'avoir des petits-enfants, tu peux comprendre cela ? Il aurait été un formidable grand-père !"* Henri avait attendu que la colère s'éloigne avant d'installer sa ligne de défense. Pour commencer, il avait rappelé les conclusions du rapport médical qui le mettait hors de cause, puis il avait élevé la voix, lui aussi. Finalement, il avait pris la bouteille d'eau posée sur la table et l'avait jetée par terre.

Depuis cet incident, Henri n'avait pas le souvenir de s'être mis en colère.

Même leur séparation s'était faite en douceur puisqu'il n'y avait eu que cette lettre de huit pages abandonnée sur la table de la cuisine. Une décennie sans hurlements, sans chapelets d'injures, ni vaisselle fracassée, s'achève donc sur la porte de la buanderie contre laquelle Henri a écrasé son poing.

Sa main est en sang, mais il n'y prête pas attention.

Il n'arrive pas non plus à rester en place, marchant de long en large dans la cuisine, dans le salon, dans le couloir. Sa respiration est brûlante ou glacée.

Son corps lui paraît trop étroit pour contenir tout ce qu'il y a dedans.

Il étouffe.

Henri est pétrifié, terrorisé et pourtant terriblement en colère.

Surtout, il n'arrive pas à rester calme, et les seules paroles qui lui viennent à l'esprit sont : *"Putain. Merde. Putain. Salopard. Putain. Merde. Salopard. Vont m'faire crever. Merde."*

Des mots qu'il pensait avoir oublié depuis longtemps.

Irrésistible, la colère était née devant la maison de Denis Lassalle.

Autour de lui, Henri reconnaissait le décor et les personnages, mais tout était dérangé.

Robert, par exemple, n'était pas à sa place. Régis Weiss non plus, lui qui n'avait rien à faire hors des frontières du lotissement. L'instructeur, pareil. Ce Jacques Sauter trop bronzé aurait dû être dans une salle de gymnastique ou sur sa pelouse éclairée, au lieu de s'afficher avec des officiers de police. Henri n'y comprenait rien, comme si le monde entier se refusait à lui pour le punir des événements de la veille ou d'autres événements dont il n'avait même pas le souvenir. Hélène avait souvent eu ce genre de réaction.

Désemparé par le comportement de gens qu'il pensait connaître, Henri avait choisi de rentrer chez lui en faisant un détour par chez Robert où il espérait voir son coéquipier lui donner quelques explications. Tout au long du chemin, Henri s'était répété qu'il n'y avait rien de suspect à passer chez un voisin. Lui-même avait pourtant du mal à le croire.

Il se sentait coupable.

Construite au bout de l'avenue des Roses-Blanches, la maison de Robert se situait sur une petite hauteur. De ce fait, elle était visible de loin. Or, de loin, Henri n'avait vu que des volets clos. Vision extraordinaire dans un quartier où les volets ne restaient fermés que le dimanche matin. Jamais un jeudi après-midi.

Arrivé sur place, Henri avait fait le tour de la maison.

Aucun bruit, personne dans le jardin, pas de voiture dans l'allée.

Henri avait beau savoir qu'il ne fallait pas croire au miracle, il était pourtant resté plusieurs minutes devant la porte, le doigt collé sur la sonnette. Il ne voulait absolument pas rentrer chez lui sans avoir obtenu de réponse. Il allait devenir fou.

Mari attentif, voisin modèle, à cette heure, Robert aurait dû être appuyé contre les barrières de l'avenue des Lys pour commenter cette histoire de cadavre dans la voiture de Denis Lassalle. Or, puisque Robert n'y était pas, et qu'il n'était pas non plus chez lui, c'est qu'il s'était passé quelque chose. *Quelque chose* comme quoi, Henri Frot n'en avait pas la moindre idée, mais il craignait le pire. On craint toujours le pire.

Après plusieurs minutes, preuve que l'obstination finit toujours par payer, c'est une voisine qui était venue à sa rencontre :

"Faudra venir un autre jour, ils sont partis hier, lui avait-elle dit sans quitter le pas de sa porte.

— Hier ? Mais hier…
— Oui, hier, la voisine s'était approchée pour ne pas devoir élever la voix. Hier, tard. Mais je vous connais, vous savez. Vous êtes le monsieur de l'impasse des Freesias, celui qui fait les rondes avec Robert, n'est-ce pas ?"

Henri avait acquiescé, machinalement.
"Eh bien, hier, ils ont pris la route juste après le retour de Robert. C'était décidé comme cela. Vous connaissez Marie-Jeanne, insiste-t-elle en ajustant son gilet, dans son état, elle a besoin de repos, alors quand elle a ses crises, ils vont dans l'appartement de son frère, au bord de la mer. Pendant leur absence, c'est moi qui m'occupe de la maison. C'est pour ça que je suis sortie quand je vous ai vu devant la porte."

A cet instant, Henri croyait encore qu'il allait se réveiller.
"Ils ne vous ont rien dit ? insistait la voisine. Pourtant, c'était dans l'air depuis une semaine. Remarquez, ils ont bien fait de partir : vous avez entendu ce qui s'est passé ? Toute cette agitation, pour Marie-Jeanne, cela n'aurait pas été bon. On ne sait plus quoi penser, n'est-ce pas ?"

Henri avait secoué la tête pour dire non.
Ce n'était pas la vérité : il savait exactement quoi penser.

Les pensées d'Henri allaient toutes dans la même direction : on se foutait de sa gueule. Robert s'était servi de lui comme d'une marionnette, un chiffon sur lequel il s'était essuyé les pieds. Après l'avoir utilisé, Robert l'avait jeté comme une serpillière avant de partir se faire oublier au bord de la mer. D'autres en avaient peut-être profité aussi.

Dans l'esprit d'Henri, cette image avait servi de détonateur.

Très en colère, il avait quitté la voisine sans bien la regarder.

Pied au plancher, il était rentré chez lui pour démolir la porte de la buanderie et aligner les gros mots les uns derrière les autres. *Putain. Merde. Salopard. Veulent m'faire crever. Putain.*

IMPASSE DES FREESIAS (4)

Calfeutré chez lui, Henri n'avait pas répondu au téléphone.

Durant plusieurs heures, il n'avait pas non plus remis le nez dehors, au contraire : il avait éprouvé le besoin de rester dans un endroit petit et lisse comme l'était son cerveau.

Henri avait choisi la chaufferie, une pièce sans fenêtres, sans horizon, sans aspérités, sans miroir, sans risque de se voir dans le rôle du pigeon, qu'il était.

Un pigeon humilié de se savoir pigeon.

Assis sur le carrelage froid, Henri ne comprend rien :

Pourquoi Robert lui a-t-il menti ?

D'où venait l'homme qu'ils ont jeté dans la rivière ?

Qui l'avait tué ?

Qui est le mort dans la voiture de Denis Lassalle ?

Henri n'a aucun indice, aucune piste.

Les questions sont trop grandes pour lui.

Il a le vertige.

Rien ne le retient plus sur terre, pense-t-il, sauf la sonnerie du téléphone qui, finalement, le tire de son placard. Henri a peur de ne pas répondre. Il a peur de tout.

"Henri ? Henri c'est toi ? Réponds-moi, c'est bien toi ?"

Hélène.

Henri n'en croit pas ses oreilles.

Après six mois d'absence, sa femme lui téléphone aujourd'hui.

Justement aujourd'hui.

Sa voix est lointaine, la communication de mauvaise qualité :

"Henri ? Dis-moi quelque chose ! Henri, il faut que..."

C'est trop.

Pour Henri, l'arrivée d'Hélène, c'est la pièce de trop sur l'échiquier.

Il raccroche.

Cela ne peut pas être un hasard.

Après toutes ces semaines, Henri s'était résigné : Hélène ne reviendrait plus. Romantique, il pensait qu'elle s'était suicidée.

Dans sa lettre, une phrase pouvait le laisser penser : *Je n'en peux plus, je lâche prise.* Il n'avait pas cherché à le vérifier, mais, plusieurs fois, Henri avait imaginé les doigts de sa femme s'agrippant au bord d'un canal ou d'une falaise. La scène se déroulait sous un ciel chargé, parfois il y avait de la tempête. Le visage d'Hélène était couvert de pluie, mais il était serein. Malgré le vent et l'effort qu'elle faisait pour s'accrocher, ses lèvres articulaient quelques mots. Des mots simples, de lassitude et d'adieu, des paroles qui effaçaient tous les reproches qu'elle avait pu lui adresser. Henri s'était fait à l'idée d'une disparition dans le brouillard. De loin, il préférait ce mystère aux explications rationnelles qui verraient Hélène choisir de vivre avec un autre homme, ou choisir n'importe quelle vie plutôt que celle qu'elle partageait avec lui. Seul dans son pavillon, Henri avait porté le deuil d'Hélène.

Aujourd'hui, Henri lui en veut d'avoir appelé. Ce qu'il avait imaginé était bien mieux que la réalité.

Debout devant la table de bistrot sur laquelle est posé le téléphone, Henri regarde ses mains, ses jambes, ses chaussures marron. Il aimerait pouvoir se taper sur l'épaule pour se donner du courage. A mi-voix, il se promet d'être à la hauteur.

Se jure que tout va bien se passer.

Fait le serment de ne plus laisser personne lui marcher dessus, comme s'il était un paillasson.

Ni Hélène.

Ni Robert.

Ni personne d'autre.

AVENUE DES LYS (2)

Lorsque Henri Frot sort de chez lui, le lotissement a été entièrement nettoyé par la pluie. Chassés par les intempéries, les curieux sont partis, rendant au quartier ses allures de quartier : quelques voitures roulant à faible allure, trois jeunes se poussant du coude sur le trottoir, une femme se hâtant vers l'arrêt d'autobus.

Devant la maison de Denis Lassalle, deux agents sont assis dans une voiture de service. Désœuvrés, ils bavardent, évaluent le prix de l'immobilier dans la rue, puis discutent de l'avenir de leurs enfants respectifs :

"Chez moi, l'aîné veut partir dans le Sud pour finir ses études. Sa mère et moi, on n'est pas trop d'accord. On préférerait qu'il se trouve une formation par ici, explique le plus âgé.

— Faut voir, réplique son collègue. Moi, je ne les retiendrai pas. S'ils veulent voir du pays, qu'ils y aillent. Ceci dit, je ne vais pas leur financer des tours du monde…"

Les deux hommes échangent d'autres plaisanteries où il est question des enfants, de la famille, de l'argent, ou des histoires de commissariat. Ils ne sont pas inquiets. Pour eux, la journée va se terminer dans la voiture, sans surprise. Pour une fois, ils ont même le sentiment d'avoir tiré le gros lot : pendant que leurs collègues arpentent les trottoirs, fouillent les archives, échafaudent des hypothèses, eux n'ont plus qu'à patienter jusqu'à l'heure de la relève. D'ici là, il ne se passera rien. D'expérience, les deux policiers savent que le propriétaire de la maison ne viendra pas s'expliquer sur la présence d'un mort dans le coffre de sa voiture. La hiérarchie le sait aussi, mais elle avait tenu à ce qu'une voiture et deux policiers restent devant la maison, comme un message adressé à la population. Un message bien reçu par les plus proches voisins. Serré dans un imperméable, l'un d'eux sort de chez lui et s'approche de la voiture :

“Bonjour messieurs, dit-il quand l'agent assis derrière le volant baisse la vitre. Je vous ai vus depuis chez moi, j'habite juste à côté, c'est ma femme qui a découvert le… Ce matin, c'est elle qui a appelé vos collègues.

— Oui, oui, je vous reconnais, dit le flic prêt à laisser partir ses enfants pour un tour du monde qu'il ne financera pas. Je vous ai interrogé tout à l'heure. Il y a du nouveau ? Un détail ?

— Non, non, je me demandais juste si vous aviez le droit d'accepter un café pendant votre service. Vous voyez (il se retourne et désigne une fenêtre au rez-de-chaussée de sa maison), ma cuisine est juste là, je me préparais un café et je me suis dit…

— Pas de problème. Sur ce point, le règlement n'a pas prévu d'interdiction, ce serait un plaisir.
— Bon, alors je vais vous préparer cela", dit le voisin avec la gravité d'un soldat désigné pour conduire la voiture présidentielle.

Solennel, il repart vers sa maison, laissant les agents confortés dans le sentiment d'appartenir à une communauté où la gentillesse n'est pas une valeur dépassée.

Distraits par la visite, ni l'un ni l'autre ne remarquent la voiture d'Henri Frot remontant la rue vers le nord. Cette négligence ne pourrait pas leur être reprochée, car, même s'ils l'avaient vue, la voiture n'aurait pas retenu leur attention. Rien n'indiquait, en effet, qu'on y avait transporté un cadavre la veille. Pour s'en assurer, avant de partir, Henri avait fait le tour du véhicule avec un aspirateur pour retirer les feuilles, les tiges et tous les végétaux qui auraient pu s'accrocher. Vigilant, il était monté dans la cuisine pour prendre une éponge, du détachant pour moquette et toutes sortes de produits avec lesquels il avait frotté les sièges de la voiture (surtout à l'arrière), l'intérieur des pneus, et ses chaussures. Parce qu'il avait donc remis ses chaussures marron, celles qu'il avait spécialement achetées pour les patrouilles.

Sorti de sa léthargie, Henri avait estimé qu'il était moins suspect d'avoir ces chaussures aux pieds, plutôt que de les garder dans un sac en plastique avec un jean, un blouson et une chemise presque neuve. D'évidence, si la police venait fouiller sa maison, elle s'intéresserait plus à des vêtements conservés dans un sac-poubelle qu'à tous les autres.

Ces dernières heures, dans la chaufferie, mais aussi dans le garage, et dans la salle de bains où il s'était soigneusement lavé les mains, Henri Frot avait beaucoup pensé à la police, parce que les fonctionnaires qui travaillent dans la police incarnent une menace facilement identifiable. Par exemple, la plupart portent un uniforme. Ceux qui restent en civil exhibent leur insigne, ou sortent leur arme pour être reconnus. Leurs faits et gestes sont également prévisibles. Ils soupçonnent, ils enquêtent, ils répriment. Parfois ils procèdent à des arrestations : des individus disparaissent alors pour réapparaître sur les marches d'un palais de Justice ou dans les colonnes d'un magazine à la rubrique faits divers. Pour peu qu'on se donne la peine de s'y intéresser, on comprend la procédure, on peut même l'anticiper. Ainsi, Henri Frot sait que, s'il s'arrête près de la voiture de police stationnée devant la maison de Denis Lassalle, les agents prendront note de ses confidences. L'un des deux fera sûrement appel à un supérieur qui l'accompagnera au commissariat où on lui demandera de répéter ce qu'il voulait dire à propos de la voiture de Denis Lassalle et de ses allées et venues dans le quartier. Avec un peu d'imagination, Henri estime même pouvoir justifier n'avoir pas fait ces déclarations plus tôt.

Confiant, face à des policiers, Henri pense pouvoir s'en sortir.

De même, il s'en était bien sorti quand Hélène et son père l'avaient sommé d'avoir une descendance. Pour un peu, Henri regretterait cette époque où il priait son organisme d'avoir la force de résister aux pressions familiales. Aujourd'hui, la situation est beaucoup plus angoissante : coupable d'avoir fait disparaître un mort, menacé par Hélène, par ses voisins, Henri ne sait pas vers quel saint se tourner.

Affolé d'être la cible de provocations auxquelles il ne comprend rien, Henri serait volontiers resté chez lui, mais, depuis le passage de la police et l'appel d'Hélène, il ne s'y sent pas en sécurité. Avant de sortir, Henri se rassure en faisant une liste de priorités. Des choses à faire. Du concret.

Tout en haut, s'était imposé le nettoyage de la voiture et des chaussures.

Juste derrière figurait le nom de Régis Weiss.

Henri n'a donc aucune raison de s'arrêter devant la maison de Denis Lassalle.

ALLÉE DES LUPINS (2)

Approchant de l'allée des Lupins, Henri revoit les rues empruntées lors de la traque à l'illustre inconnu, encore vivant, pensait-il alors. Assis au volant de la voiture dans laquelle, la veille, il faisait ce même chemin, Henri tente de retrouver les indications et les mots utilisés par Robert.

Derrière les informations, Henri cherche des accents de vérité. Tout était allé si vite que même un piètre comédien aurait pu le berner. Crédule, Henri réalise qu'il a suivi Robert dans ses raisonnements et dans ses inquiétudes, sans faire l'effort d'avoir une opinion personnelle. Celle de son coéquipier l'avait séduit, parce qu'elle correspondait à un fantasme adolescent. Un mythe vieux comme l'histoire de l'humanité, celui du héros capable de transformer n'importe quel citoyen en colosse sauvant les enfants pendant la guerre, ou préservant son pays de l'incursion de barbares affamés. Quand Robert avait fait allusion à une silhouette étrangère se promenant dans le quartier, Henri avait marché sans hésiter, sans réfléchir non plus. Une heure plus tard, près de l'ancienne station-service, il avait rabattu les vêtements d'un mort comme si ce geste l'autorisait désormais à porter la médaille des héros. Au fond de son âme, les encouragements de Robert avaient résonné comme les applaudissements d'une foule le portant en triomphe sous les yeux de sa femme et d'un maître nageur sans doute mort depuis longtemps.

Pour ne pas avoir à reconnaître qu'il s'est vendu pour pas cher, Henri se persuade qu'il a été manipulé. On l'avait pris pour cible.

Depuis le début, on se sert de lui. C'est la seule explication.

Robert pourrait être de ceux qui tirent les ficelles.

Régis Weiss, peut-être aussi, c'est ce qu'Henri était venu vérifier.

La maison de l'ancien professeur se reconnaît aux affiches qui couvrent les fenêtres donnant sur la rue. Outre les appels à manifester contre les patrouilles, Henri lit des slogans généralistes demandant la paix dans le monde, et prônant un soutien à tous les peuples opprimés. Dans le jardin de Régis Weiss, Henri voit des rubans bleus noués aux branches les plus basses, souvenirs d'une campagne contre la faim à laquelle Henri avait lui-même participé. Un geste qui n'avait pas plu à Hélène. Elle s'était fichue de lui :

"Facile, lui avait-elle dit, facile. On accroche un petit ruban, et on avance d'une case vers le paradis.

La vie n'est pas un jeu de l'oie, Henri. La vie n'est pas un jeu de l'oie !"

Garé à cent mètres de chez Régis Weiss, Henri se revoit assis dans le salon, écoutant Hélène se moquer de lui. Henri se souvient que, regardant le corps de sa femme, dos à la fenêtre, il avait eu envie de la tuer. S'il avait eu les convictions d'un Régis Weiss ou l'assurance d'un Robert, et si le salon avait été situé au sixième ou au septième étage, Henri l'aurait peut-être fait, il l'aurait poussée. Sur place, la police aurait constaté son décès. Une mort bien réelle qui lui aurait épargné d'imaginer sa femme lâchant prise au bord du vide.

Henri n'est pas dupe : focalisé sur Hélène, son esprit n'a pas à réfléchir aux arguments qui pourraient justifier une visite à Régis Weiss. Comme avec les policiers, Henri sait, en effet, qu'il ne pourra pas jouer cartes sur table. D'emblée, il ne se voit pas, par exemple, demander à l'ancien professeur d'allemand d'éclairer les sous-entendus concernant la disparition d'Hélène. Propos rapportés par Robert qui l'aurait croisé le soir où M. Durant le croyait en Normandie. Henri ne se voit pas non plus s'inviter chez Régis Weiss pour l'informer qu'Hélène a, enfin, pris la peine d'appeler pour donner de ses nouvelles, preuve que rien de grave ne lui est arrivé. Indécis, Henri cherche autre chose, mais il est piètre scénariste.

Faute de mieux, il se motive pour un exercice d'improvisation. Il a déjà un pied dehors quand une voiture noire s'engage à vive allure dans l'allée et s'arrête pile devant chez Régis Weiss. Rapide, Henri se couche sur le siège passager. Une attitude qu'il avait eue, déjà, des années auparavant, un midi où il était venu attendre Hélène devant son bureau. L'intention d'Henri était de la surprendre, de lui offrir des fleurs et de l'inviter à déjeuner. Sauf que, à l'heure dite, Henri l'avait vue sortir du bâtiment tenant un autre homme par la main, la surprise avait changé de camp. Dans les mêmes circonstances, la plupart des maris se seraient donnés en spectacle. Ils auraient bondi de la voiture et, d'un pas militaire, auraient chargé en demandant des explications. Au lieu de cela, Henri s'était jeté sous le tableau de bord, honteux d'avoir été le spectateur involontaire d'une scène dont il aurait dû tout ignorer. Le soir, il n'avait rien dit à Hélène, il ne lui avait pas demandé si elle avait passé une bonne journée. Jamais il n'avait cherché à savoir la vérité.

A la longue, les images s'étaient effacées de la mémoire d'Henri. Quand il y pensait, il était maintenant sûr d'avoir été victime d'une hallucination. Vêtue ce jour-là d'un imperméable gris acheté dans un magasin de prêt-à-porter, Hélène ne portait rien de remarquable. Une autre femme, vêtue du même imperméable, avait, sans le vouloir, sans doute joué le rôle d'Hélène. Henri se demandait alors pourquoi il avait si facilement imaginé sa femme donnant la main à un autre homme. L'incident s'était produit à l'époque où la cause des enfants était défendue à chaque repas. Henri en avait déduit que cela l'aurait soulagé, secrètement, de savoir sa femme au bras d'un autre homme à qui incomberait l'obligation de faire deux trois petits-enfants au père d'Hélène.

Avant le départ de sa femme, ces questions le réveillaient parfois. Il les examinait alors, les unes après les autres, s'interrogeant sur ses sentiments. Incapable de se rendormir, il se tournait et se retournait dans le lit, ce qui réveillait Hélène, toujours prompte à rappeler quelques vérités fondamentales :

"Tu pourrais penser à moi ! Si tu ne dors pas, prends tes affaires et va-t'en ailleurs."

Finalement, c'est elle qui avait pris ses affaires.

Depuis son départ, Henri dormait mieux.

Sauf quand il rêvait des doigts d'Hélène crispés sur le bord de quelque chose.

Aujourd'hui, dans le coin droit du pare-brise, là où il avait jadis cru voir sa femme le tromper, Henri observe deux hommes descendre de la voiture noire. Henri reconnaît facilement le plus grand : Jacques Sauter. L'ancien policier reconverti dans l'enseignement de la gymnastique marche les mains dans les poches. L'autre, plus jeune, une casquette en cuir sur la tête, fait de grands gestes en parlant. Tous les deux s'avancent, décidés, vers la maison de Régis Weiss.

Si Henri Frot se félicite d'avoir pu éviter, d'une poignée de secondes, une embarrassante confrontation, il donnerait cher pour savoir ce que les deux hommes font dans cette rue.

Soucieux de ne pas se faire remarquer, il démarre discrètement pour sortir de l'allée des Lupins. Ignorant le funeste sentier qui débute par là et se termine au boulevard Saint-Martin, Henri prend la direction de l'impasse des Freesias. Tout en roulant, il ne quitte pas des yeux son rétroviseur, comme s'il redoutait qu'un troupeau de buffles géants le prenne en chasse. Pour l'instant, tout est calme. Apparemment le quartier n'a pas changé, Henri s'y sent pourtant comme dans un pays étranger. Au rond-point, il en oublie même de tourner à droite, ce qui l'oblige à faire un détour, et à passer devant chez Robert.

De ce côté, pas de miracle. Les volets sont toujours fermés, mais la voisine est, cette fois, debout devant la porte de ses voisins. Henri pense que ce n'est pas anodin.

Ces dernières heures, il en est sûr, tout ce qui lui arrive, tout ce qu'il voit, tout ce qu'on lui dit est chargé de signification. Un jour il comprendra. Forcément.

Il ralentit et baisse la vitre pour s'adresser à la voisine :

"Des nouvelles ? Vous avez eu des nouvelles de Robert ?"

L'interpellée se retourne brusquement. Même à cette distance, Henri lui trouve un air exaspéré, comme si elle n'appréciait pas d'être surprise sur le pas de cette porte-là. Il ne veut pas l'embarrasser :

"Excusez-moi, je vous ai vue en passant dans la rue.

— Si c'est pour Robert, rien de nouveau depuis tout à l'heure : je vous ai dit qu'ils ne rentreront pas avant la fin de la semaine.

— Oui, je sais, vous me l'avez dit. C'est que…
— … vous avez peur ?"

Pour lui poser cette question, la voisine s'est approchée de la voiture. Le corps penché vers l'avant, sa main est posée sur le bord de la vitre, son visage est à la hauteur de celui d'Henri. Ses yeux clairs le regardent comme s'ils avaient le pouvoir de l'hypnotiser, c'est en tout cas la conviction d'Henri. Quand il est suffisamment désarmé, elle lui repose la question :

"… vous avez peur, n'est-ce pas ? C'est normal d'avoir peur (son regard est charmant). Un de vos collègues a disparu, on a retrouvé un mort dans son coffre, c'est normal d'avoir peur. A votre place, je ne serais pas à l'aise, moi non plus. Venez, il fait froid, si vous voulez, je vous offre un café. Chez moi, je crois avoir un numéro de téléphone pour joindre Robert. Je vais vous le donner, cela vous rassurera de pouvoir lui parler."

Henri Frot se laisse facilement convaincre. Il sort de la voiture et suit la voisine, en se disant qu'elle a une belle chute de reins et que cela fait des années qu'un tel spectacle n'avait plus attiré son regard. Troublé, Henri Frot regarde les fesses de la voisine joliment épanouies dans une robe en coton. Soulignées par un gilet en laine, ses hanches roulent de gauche à droite à la mesure de ses pas. Les trois marches de l'entrée sont un festival. Henri Frot se régale tout en se demandant si de telles émotions n'auraient pas comme principal intérêt d'effacer des préoccupations plus embarrassantes. Il se pose la question, mais ne se prive pas du spectacle. Sans se retourner, la voisine s'arrête quelques secondes dans l'entrée de sa maison pour désigner un portemanteau :

"Si vous voulez vous mettre à l'aise, je vous attends dans la cuisine."

Une fois la porte fermée, Henri Frot se sent tout de suite bien. L'ameublement est simple. La couleur des murs, dans les tons ocre, adoucit l'atmosphère. L'ensemble est harmonieux et très personnel, sans volonté d'imiter un style particulier, comme le font ceux qui n'ont pas d'imagination. Le couloir est tapissé de photos, des portraits le plus souvent. Henri s'arrête pour les observer, il cherche des ressemblances, des liens qui pourraient exister entre tous ces visages :

"... aucun ! lui crie la voisine comme si elle lisait dans ses pensées. Certains sont de ma famille, d'autres pas. J'ai l'habitude, dit-elle en l'observant sur le pas d'une porte, au bout du couloir. Quand on voit ces photos, on ne peut pas s'empêcher de les regarder. Elles sont là pour cela, elles me tiennent compagnie. Venez, je vous ai servi un café. Remarquez, si vous préférez, je peux vous proposer une bière, ou autre chose."

Quand il entre dans la cuisine, elle ne lève pas les yeux d'une boîte dans laquelle sont entassés de nombreux papiers, elle en sort un, victorieuse :

"Voilà, c'est ça. Marie-Jeanne me l'avait donné au cas où il y aurait un problème pendant leur absence. Personnellement, je ne l'ai jamais utilisé, mais j'imagine que c'est le numéro de l'appartement de son frère. Vous essaierez, vous me direz."

Henri Frot est assis en face de la voisine. Pendant qu'elle s'agite, il réalise qu'il est dans la maison d'une femme qu'il ne connaît pas et qui ne doit pas être beaucoup plus jeune que lui. Une dizaine d'années, quand même, tout au plus.

A cinquante-sept ans, Henri Frot se demande si, au lieu de faire des estimations sans intérêt, il ne serait pas temps de se préoccuper de problèmes plus sérieux. Vitaux, peut-être.

Hélène avait eu raison de lui reprocher ses négligences. Il n'avait jamais eu le sens des priorités.

Distrait, il a perdu le fil de la conversation :

"... deux enfants, lui explique la voisine. L'un vit dans le Sud, l'autre à Londres. Mon mari est mort, il y a huit ans. Heureusement, il y avait les amis, le quartier. Des voisins comme Robert et Marie-Jeanne, c'est précieux. Marie-Jeanne, c'est un cas, vous la connaissez ? Avant c'était la reine, un sacré numéro ! Elle attirait l'œil, je peux vous le dire. Maintenant, évidemment, avec les années, et puis Robert qui ne quitte plus la maison... Pour elle, c'est dur. Quand on est très autonome, la cohabitation n'est pas toujours facile, même dans leur grande maison (machinalement, elle fait un geste vers le mur de droite comme s'il touchait la maison de ses voisins). Pour Marie-Jeanne, les patrouilles ont été une bénédiction : Robert avait à nouveau des obligations, des responsabilités, elle pouvait enfin respirer."

Ainsi décrite par la voisine, la femme de Robert n'a plus rien de commun avec le portrait qu'en dressait son mari. Tout se complique, une fois de plus. Fidèle à ses habitudes, Henri Frot préfère changer de sujet. Il désigne la photo d'un adolescent posant devant les grilles, à l'époque flambant neuves, du stade situé près du centre commercial :

"C'est votre fils ? demande-t-il, un peu distraitement.

— Pas du tout ! la réponse fuse, glaciale. C'est Grégoire, le gamin du quartier, mort il y a des années de cela. Personne ne peut oublier."

Embarras et vagues souvenirs d'Henri :

"Celui qui habitait la rue des Tulipes ?

— Ah, non, pas du tout. Le garçon de la rue des Tulipes s'appelait Jean-Philippe. Le pauvre a été victime d'une très grave infection aux reins. L'autre, Grégoire, *celui-là*, dit-elle en désignant la photo, a été renversé par une voiture du côté de la zone, enfin ce qu'on appelait *la zone*, l'endroit où ils ont construit les tours de la cité des Champs. A l'époque, il n'y avait rien, aucune construction, juste le tracé de la voirie que certains prenaient pour un circuit automobile. C'est arrivé un dimanche soir. Même si vous n'habitiez pas encore le quartier, je pensais que vous étiez au courant parce que Grégoire et sa famille vivaient alors dans ce qui est devenu votre maison. C'est eux qui l'ont fait construire, mais à cause de l'accident toute la famille a déménagé dans une autre région. Je les comprends : c'était affreux."

Affreux, de fait. Henri sent le café remonter dans sa gorge, encore plus brûlant que s'il venait de l'avaler. Il le retient de justesse, se lève et bredouille une excuse à propos d'une réunion chez les Durant qu'il ne peut manquer sous aucun prétexte.

Henri Frot est effondré. Il quitte la maison sans un regard pour la silhouette de la voisine qu'il trouvait pourtant formidable quelques minutes auparavant.

RUE DES LILAS (1)

Le mensonge d'Henri Frot n'en est pas tout à fait un : il y a bien une réunion des patrouilleurs, mais il n'avait pas eu l'intention d'y assister.

Devant les barrières de l'avenue des Lys, quand M. Durant lui en avait parlé, Henri Frot avait dit qu'il ferait son possible, mais qu'il n'était pas certain de pouvoir se libérer. En vérité, il était sûr qu'il n'irait pas. Compte tenu de ce qui s'était passé la veille, l'idée de se retrouver seul, sans Robert, au milieu d'anciens "collègues" prêts à faire toutes sortes d'hypothèses, lui paraissait totalement irresponsable. En le voyant, l'un des patrouilleurs pourrait se souvenir de sa voiture circulant à un endroit inhabituel. Plus grave, l'un d'eux pourrait les avoir aperçus, Robert et lui, debout à l'emplacement de l'ancienne station-service. Ou pire.

Pour ces raisons et pour d'autres, plus irrationnelles, Henri Frot avait eu l'intention de se défiler.

Une décision balayée par le dernier coup qu'il vient de recevoir sur la tête : un enfant, mort, lui volait la vedette. Pendant des années, Henri Frot avait encouragé ses hormones à ruser pour lui éviter une paternité dont il ne voulait pas. Ce soir, petit à petit, Henri Frot réalise que, sans doute encore présent dans la maison, le spectre d'un enfant avait fait tout le boulot. Tout le mérite revenait donc à l'esprit d'un de ces enfants dont il n'avait jamais souhaité la compagnie. Un comble ! Henri Frot vit cela comme une humiliation, comme une défaite sur son propre terrain.

La violence de la gifle l'avait poussé hors de chez la voisine, mais l'avait retenu de rentrer chez lui où subsistait, sûrement, l'âme de celui qui avait fait main basse sur sa vie, forgeant ses illusions et faisant le désespoir d'Hélène. Dans ces conditions, la réunion chez les Durant n'était plus une épreuve, mais une libération.

Austère, isolée à l'intersection de plusieurs rues, la maison de M. et Mme Durant avait des allures de tour de garde, prise d'assaut, ce soir, par une dizaine de voitures garées n'importe comment. Dans le jardin, dans le couloir, dans la salle à manger, il y a du monde dans tous les coins. Beaucoup plus de monde que de patrouilleurs.

Certains sont venus avec leur épouse, d'autres avec des amis. Les yeux brillent, les gestes sont amples, les conversations un ton trop haut. Partout, on sent, palpable, la fièvre de l'événement exceptionnel. Cela pourrait être une élection présidentielle, une finale de Coupe du monde, ou le retour d'un astronaute. Henri Frot n'en revient pas.

M. Durant lui-même semble dépassé.

Henri le voit passer de groupe en groupe, pendant que sa femme fait des allers-retours dans la cuisine d'où elle sort accompagnée d'une jeune fille un peu grasse et trop blonde qui distribue des cannettes de bière en s'excusant de ne pas avoir suffisamment de verres. Lorsqu'elles arrivent à sa hauteur, M. Durant les rejoint et s'arrête devant Henri pour lui confier son désarroi :

"On est débordé, on a même dû rappeler Martine, dit-il en faisant un geste vers la blonde dodue dont, pour rappel, l'agression fut à l'origine de la mobilisation générale. On nage en pleine improvisation ! se plaint M. Durant. Le bruit a couru que la police ferait un point sur l'enquête, je m'attendais à recevoir du monde, mais je ne m'attendais pas à une telle affluence ! Si vous pouviez donner l'exemple : j'essaie d'inviter les patrouilleurs à se rendre dans le garage. Les patrouilleurs seulement, j'insiste."

Discipliné, Henri se laisse guider vers le sous-sol, tout en cherchant la haute silhouette de Robert qui aurait pu revenir pour la soirée, on peut rêver. Hélas, une fois de plus, son ancien coéquipier n'est pas là où il devrait être. Rapidement, une vingtaine d'hommes suivent Henri dans le garage. Autour de lui, Henri reconnaît et salue des visages aperçus le premier soir, quand ils avaient voté à main levée pour défendre leur quartier et l'honneur de toutes les Martine qui venaient y faire le ménage. Des visages revus ensuite lors de la formation donnée par Jacques Sauter qu'Henri cherche sans le trouver, lui non plus.

Après quelques minutes de flottement, M. Durant monte sur un tabouret et demande le silence. Il s'éclaircit la voix, et remercie tous ceux qui ont pu venir :

"D'autres m'ont demandé de les excuser, je leur ai parlé dans la journée (M. Durant sort une fiche de sa poche pour citer les absents, sans en oublier) : Sébastien Totta, les frères Kitant, Robert Donnay. Evidemment, tous déplorent avec nous les faits découverts ces dernières heures. Dans l'attente des résultats de l'enquête, on m'a demandé de suspendre les patrouilles. C'est officiel : toutes les rondes, celles de jour et celles de nuit sont annulées, la décision a été prise en concertation avec les services de la police et de la municipalité. C'est pour vous l'annoncer en personne que j'ai convoqué cette réunion."

A croire que la scène a été répétée, deux hommes font leur entrée au moment où certains protestent contre une décision qui les prive des premiers rôles. Henri Frot reconnaît un des nouveaux arrivants : c'est le policier venu chez lui le matin même. M. Durant lui passe la parole. Appliqué, le fonctionnaire déplie une feuille de papier, et lit un bref compte rendu :

"Ce matin, nos services ont reçu un appel à propos d'une voiture stationnée dans une allée de garage. Quand les hommes de la brigade sont arrivés sur les lieux, ils ont découvert un corps sans vie dans le coffre du véhicule. Il s'agissait d'un individu de sexe masculin, âgé d'une trentaine d'années. L'identification est en cours. Le propriétaire de la voiture, un dénommé Denis Lassalle, est actuellement recherché pour interrogatoire. Aucune piste ne sera négligée."

L'assemblée écoute dans l'attente d'autres informations. Henri Frot fixe le bout de ses chaussures marron.

Conscient de s'adresser à un public très particulier, le policier improvise un discours empreint de civisme :

"Dans cette phase de l'enquête, le moindre détail peut avoir son importance. Vous avez tous reçu la visite d'un officier de police, mais si quelque chose vous revient, n'hésitez pas à nous appeler. C'est important. Tous ensemble, nous découvrirons ce qui s'est passé, hier, dans votre quartier. Nous avons besoin de vous !"

Le ton officiel satisfait ceux qui rêvaient d'une promotion au FBI. Surestimant leur importance, quelques patrouilleurs posent des questions au sujet de la procédure ou du corps retrouvé. Dans ses réponses, le policier n'apporte aucun élément neuf. Pour mettre fin aux inutiles va-et-vient, le policier salue à nouveau l'assemblée pour son attention et pour l'aide que les uns ou les autres pourraient lui apporter. La main sur le cœur, il promet de revenir pour une séance d'information, et cela dès que l'enquête aura progressé :

"Vous serez les premiers informés", jure-t-il.

Sur ces bonnes paroles, il replie sa feuille et fait demi-tour avec les airs d'un gars qui a une mission à remplir. M. Durant reprend brièvement sa place sur le tabouret pour remercier encore les patrouilleurs. Il les assure qu'il veillera personnellement à la bonne circulation des nouvelles :

"... qu'elles soient bonnes ou mauvaises", dit-il en guise de conclusion.

Le message est reçu cinq sur cinq.

Le garage se vide dans un temps record.

Chacun rejoint son véhicule, ou les curieux qui patientent sur le trottoir.

Henri Frot retourne dans sa voiture.

De chez les Durant, Henri Frot pourrait descendre la rue, éviter le rond-point et prendre à droite vers l'impasse des Freesias. Il préfère remonter vers le boulevard Saint-Martin et bifurquer pour repasser devant chez Denis Lassalle, puis devant chez Robert Donnay (une rue plus loin). Le quartier est vide, il n'y a aucune circulation, trois minutes suffisent pour faire le trajet. Henri s'arrête en face de chez la voisine de Robert.

Il se détend et regarde la maison.

Comme chez Robert, les lumières du rez-de-chaussée de la maison voisine sont éteintes.

Au premier étage, une seule fenêtre est encore faiblement éclairée. *"Sans doute la chambre"*, se dit Henri. Il se répète l'information : *"C'est sa chambre, elle est dans sa chambre."*

Déçu de ne rien éprouver d'autre que la crainte d'être vu, Henri Frot s'oblige à imaginer la voisine dans sa chambre, dans son lit, sous les draps et sous sa chemise de nuit. Impatient, par la pensée, il s'autorise à lui poser la main sur le ventre. Il embrasse son cou, ses épaules, ses seins.

Aucun effet.

Fébrile, il la retourne, caresse sa nuque, son dos, glisse un doigt dans le pli de ses fesses, lui mord la hanche, lui plie les genoux, l'attire contre lui, la prend, lui donne des ordres, l'insulte, la reprend. Toujours rien.

Triste, désabusé, vexé, confus, Henri Frot cherche le responsable de cette déconfiture. D'abord, il accuse sa femme d'être partie sur un coup de tête.

Il en veut ensuite aux Durant, aux patrouilles, aux étrangers qui se promènent loin de chez eux. Sans oublier Robert, bien sûr. Denis Lassalle, aussi, sa voiture et le mort dans le coffre.

Pour finir, Henri solde les comptes avec le fantôme de ce gamin inconnu, qui, après avoir refusé l'arrivée des enfants d'Hélène, s'oppose aujourd'hui au plaisir simple d'un homme désespéré. Henri lui souhaite de brûler aux enfers.

Un quart d'heure plus tard, la colère fait place au désespoir.

Henri est maintenant devant chez lui. Il y reste un long moment, assis dans sa voiture, les mains encore sur le volant, immobile. Lentement, il reprend ses esprits et s'oblige à regarder le paysage familier posé devant lui : la boîte aux lettres offerte par son beau-frère. Les trois marches de l'entrée, refaites l'année dernière.

Le muret avec les emplacements pour les pots de géranium.

Le jardin entouré d'une haie de lauriers.

La porte de la maison.

La porte de sa maison.

IMPASSE DES FREESIAS (5)

Henri Frot monte dans sa chambre sans avoir eu le courage de passer par la cuisine ou de s'arrêter devant la télévision. Il ne s'est pas non plus servi de verre d'alcool en guise de somnifère, certain qu'une partie du vin millésimé avalé la veille coule encore dans ses veines. Pour cette raison, mais aussi à cause de la voisine et des bouleversements dans le quartier, Henri est épuisé. Chaque marche de l'escalier est aussi difficile à gravir qu'une montagne. Il arrive en haut à bout de souffle. Avec les quelques forces qui lui restent, il se déshabille et s'écroule sur son lit.

Plus tard, dans un rêve, Henri Frot observe sa femme parcourir la maison avec une cloche dont elle se sert comme d'un goupillon. Au milieu de chaque pièce, elle crie :

"Alors, il est où ? Il est où ?"

Le vacarme est insupportable.

Assourdi, Henri tente de s'interposer, mais Robert le retient, l'entraînant vers le jardin où plusieurs corps sont étendus près d'une balançoire. La sonnerie d'un téléphone résonne dans un couloir, Henri aimerait répondre, mais, là encore, Robert détourne son attention en pointant son doigt vers la voisine qui les regarde du premier étage de sa maison. Des barrières sont dressées dans toutes les rues du quartier, Henri voit Régis Weiss et M. Durant se disputer face à Jacques Sauter assis sur le capot d'une voiture de police. Il fait chaud.

Henri est en sueur. La pièce est plongée dans l'obscurité, le téléphone sonne toujours. Perturbé, il faut du temps à Henri pour réaliser qu'il est bien dans sa chambre. Seul. Il cherche l'interrupteur de la lampe de chevet, quand il le trouve, la sonnerie du téléphone s'est arrêtée. Le réveil indique 04:37.

Henri Frot a peur.

Il a peur de s'endormir. Il a peur de voir Hélène revenir le hanter.

Il a peur parce qu'il ne sait pas qui peut l'appeler au milieu de la nuit.

La voix de sa femme figure en haut de la liste, évidemment, mais elle n'est pas la seule. Il se pourrait aussi que M. Durant téléphone parce qu'il y a du nouveau dans les affaires de meurtres et de disparitions. Pour la forme, on peut rêver, Henri n'écarte pas non plus un appel de la voisine qui, peut-être, l'aurait aperçu de sa fenêtre.

D'hypothèse en hypothèse, Henri somnole jusqu'à la tournée du livreur de journaux. Il entend la mobylette passer de maison en maison. Henri attend le bruit caractéristique du journal contre la porte pour se lever, soulagé que la nuit se termine sans que rien de grave ne lui soit arrivé. D'un cheveu, il aurait pu y rester. Il en est sûr.

Pour forcer la journée à s'inscrire dans la normalité, Henri respecte les rituels. Dans la cuisine, il se prépare un café et s'en sert une tasse avant de sortir chercher son journal. Il est sur le pas de la porte, quand la sonnerie du téléphone le ramène dans la maison. Cette fois, il presse le pas pour arriver dans les temps. Machinalement, il compte les sonneries. A la quatrième, il décroche et entend une voix lui parler très bas :

"Henri, c'est toi ? J'ai eu du mal à te joindre, je suis heureux maintenant, je m'inquiétais."

Henri Frot s'attendait à entendre la voix d'Hélène.

Toute la nuit, en tout cas depuis l'appel de 4 h 37, il s'y était préparé et s'était même décidé, si elle rappelait, à lui intimer l'ordre de la fermer. Odieux, il lui dirait : *"Ferme ta gueule ! Tu vas la fermer ? Tu vas la fermer ?"* Cette nuit, il se sentait prêt à lui demander de se taire, de se taire à jamais ; du coup, ce matin, il est plutôt déçu de reconnaître Robert.

Il ne sait même pas trop quoi lui dire :

"Ah, Robert, moi aussi, je m'inquiétais…

— J'ai appris pour Denis Lassalle, l'informe Robert. C'est hallucinant. Tu as des détails ?

— Non, aucun détail, lui répond Henri Frot. Sauf que toutes les patrouilles ont été supprimées, mais, ça, tu le sais déjà. Dommage que tu ne sois pas là, on pourrait discuter de tout cela."

Silencieux, son café posé devant lui, Henri entend son ex-équipier soupirer plusieurs fois.

Lui-même soupire aussi plusieurs fois, frustré d'avoir à cacher ses inquiétudes. Cette nuit, quand il ne s'inquiétait pas pour autre chose, Henri Frot s'était inquiété pour sa ligne de téléphone qui pourrait être sous la surveillance de la police. A la lumière du jour, Henri Frot ose à peine y penser tant l'hypothèse peut sembler ridicule. Comme tout le monde, Henri sait bien que les conversations d'un ancien cadre quinquagénaire habitant un pavillon de province n'arrivent pas en tête des priorités de la police. Ceci dit, Henri est bien placé pour le savoir aussi, certains anciens cadres quinquagénaires se promènent avec des cadavres dans leur voiture.

Lui-même l'a fait.

Robert l'a fait.

Denis Lassalle l'a fait également, les autorités l'ont découvert, ce qui les aurait peut-être incitées à mettre tous les téléphones du quartier sur écoute.

Vu sous cet angle, Henri Frot pense qu'il a raison de se montrer discret, et de ne pas avoir cherché à joindre Robert, par exemple. Dans le même temps, il est conscient qu'un silence prolongé de la conversation risque d'attirer l'attention, alors il se lance en demandant à Robert des nouvelles de sa femme :

"Marie-Jeanne va mieux ? Le séjour lui fait du bien ?

— Oui, très bien. Oui, oui.

— Bon, je suis content. N'hésite pas à m'appeler si tu veux avoir des nouvelles du quartier.

— Je n'hésiterai pas."

Les deux hommes se saluent et raccrochent.

Dans la tasse posée sur la petite table du couloir, le café est froid depuis longtemps, mais Henri Frot n'a pas bougé, ni cherché à rejoindre la cuisine. Le corps et l'esprit inertes, il s'interroge sur les motivations de Robert et les raisons pour lesquelles il lui a téléphoné. Henri Frot n'en voit aucune.

Une heure plus tard. Toujours immobile. Toujours debout dans le couloir, les yeux rivés sur le téléphone et sur la tasse de café posée à côté, Henri aimerait comprendre les faits qui se produisent autour de lui. Quelques années auparavant, la même question lui avait donné le vertige. Avec Hélène, ils avaient regardé une émission de télé où les invités racontaient combien ils avaient eu du mal à interpréter les premiers signes de ce qui allait être un changement radical dans leur vie. Pour l'un c'était l'appel de Dieu, un autre avait quitté son bureau de fonctionnaire pour devenir cultivateur, un troisième avait épousé sa voisine de palier. La nuit suivante, Henri Frot avait mal dormi. Trois mois plus tôt, il avait reçu sa lettre de licenciement et, depuis une dizaine de jours, sa femme dormait dans le salon-bibliothèque du premier étage, lui-même comptait des moutons par centaines en espérant trouver le sommeil. Perdu dans les calculs et les prévisions, Henri Frot avait tenté de voir où tout cela allait le mener. Même question aujourd'hui.

Des coups frappés sur la porte d'entrée le ramènent brutalement sur terre. Pour Henri, l'atterrissage est douloureux : ses idées ne sont pas bien rangées, la voix de Robert est encore dans ses oreilles, des images d'Hélène traînent partout, il n'a toujours pas bu son café et les parois de la maison semblent se rapprocher pour, sûrement, broyer les parties de son cerveau encore intactes. Dans ces conditions, il lui faut un certain temps pour se souvenir du chemin vers la porte et du fonctionnement de la serrure installée des années auparavant. Conscient de sa maladresse, Henri Frot crie des *"j'arrive, j'arrive"*, comme s'il avait à se justifier. Inquiet, il se prépare au pire ; à tort, puisque c'est la voisine de Robert qui l'attend de l'autre côté de la porte.

Plantée sous un parapluie, elle le salue sur ce ton à la fois timide et décidé que choisissent les voisins quand ils viennent vendre des vignettes de la Croix-Rouge. Assailli par le souvenir de ses pensées nocturnes, Henri Frot peine à réaliser que la voisine est bien là, devant lui, le haut du corps enveloppé dans une longue veste noire taillée dans un tissu identique à celui de son pantalon dont le bas couvre en partie ses chaussures. *"Des chaussures sans doute à talons"*, songe-t-il, alors qu'il n'avait jamais songé à ce genre de chose jusqu'alors. *"Sûrement des chaussures à talons"*, insiste-t-il. Ce matin, son fantasme lui paraît en effet plus grand que dans son souvenir. Mal à l'aise, il s'oblige à fixer son attention sur le visage de la voisine et sur les mots qui sortent de sa bouche :

"Excusez-moi de venir vous déranger, lui dit-elle, mais je voulais vous parler. Je peux entrer ?"

Se croyant démasqué, Henri cherche déjà une excuse pour justifier sa présence, à lui, la nuit, dans une voiture stationnée devant sa maison, à elle. Mais il ne s'agit pas de cela. Désignant le journal qu'Henri Frot tient toujours à la main, la voisine lui annonce la couleur :

"Ah, je vois que nous avons les mêmes lectures. C'est justement à propos de cela que..."

Sans un mot, Henri Frot la précède dans la cuisine, lui désigne une chaise près de la table et, d'un geste, lui propose un café. Elle accepte :

"Volontiers, cela me fera du bien : cette nuit, j'ai très mal dormi. A vrai dire, je n'ai même pas dormi du tout. Dans ma tête, ça tournait, ça tournait. Ce matin, ça tourne encore, mais j'ai pris la décision de venir vous parler. Cela m'a soulagée, je peux vous le dire. On ne se connaît pas très bien, on ne se connaît même pas du tout, mais, ne me demandez pas pourquoi, ce matin, vous êtes la seule personne que j'ai envie de voir."

Dehors, le jour est levé depuis quelques heures, mais une épaisse masse nuageuse empêche la lumière de faire son travail. A l'inverse, dans la cuisine, les multiples points lumineux et l'odeur du café réchauffent l'atmosphère. S'il fermait les yeux, Henri Frot se verrait bien en vacances. Sur la terrasse d'un bistrot provençal, par exemple, ou dans le jardin d'une maison italienne inondée de soleil.

Henri Frot se sent bien. Très très bien.

IMPASSE DES FREESIAS (6)

Pour prolonger l'état de grâce, Henri Frot prépare la table en silence et en y mettant les formes. Rinçant les tasses, alignant plusieurs sortes de sucre et des gâteaux qu'il dispose sur une assiette, ajoutant une petite bouteille de lait, deux verres d'eau, des cuillers, et des serviettes en papier qu'il est allé chercher dans une armoire du salon.

Une fois le café versé dans les tasses, il ne lui reste plus qu'à s'asseoir et à écouter ce que la voisine est venue lui dire :

“C'est à propos de Robert, annonce-t-elle en guise de préambule. Contrairement à ce que je vous ai dit hier, son voyage n'était pas *dans l'air* depuis longtemps. Au contraire, tout s'est décidé très vite. Mercredi, en rentrant de sa patrouille, il est venu chez moi pour me dire que Marie-Jeanne n'était pas bien et qu'ils partaient dans l'appartement de son frère. Cela m'a surprise parce que, avec Marie-Jeanne, on s'était parlé au téléphone une heure avant et qu'elle était en pleine forme. Mais, bon, je n'ai pas relevé, je me suis dit que c'étaient encore leurs histoires…"

Tout en parlant, la voisine regarde ses mains ou sa tasse de café. Henri Frot préférerait l'entendre raconter des blagues, voire des souvenirs où n'apparaîtraient ni Robert, ni Marie-Jeanne, ni le quartier. Au lieu de cela, elle le pousse dans un tunnel de plus en plus obscur alors qu'il n'y voyait déjà pas clair avant d'y entrer. Il se demande, par exemple, ce que la voisine a dans la tête quand elle dit que *"c'étaient encore leurs histoires"*.

Déjà perdu, Henri n'est pas au bout de ses peines : "Depuis la mort et la disparition de Denis Lassalle, je me pose des questions. Toute la nuit, je vous dis : toute la nuit, cela m'a empêchée de dormir ! lui avoue la voisine. Plusieurs fois, j'ai même failli téléphoner à la police, mais je me suis retenue. Je voulais d'abord vous parler. (Elle baisse les yeux.) Concrètement, je me demande s'il ne faudrait pas signaler le départ précipité de Robert. Vous devez me prendre pour une folle, je vous comprends ! Vous êtes un homme raisonnable, ça se voit. Pour vous, personne ne devrait avoir ce genre d'idée à propos de ses voisins. Surtout des voisins aussi proches que Robert et Marie-Jeanne. C'est ce que je me suis dit. (Elle serre ses bras contre sa poitrine.) Croyez-moi, ce n'est pas mon genre, mais je m'inquiète. Je ne sais pas pourquoi, c'est comme un pressentiment. Bien sûr, je peux me tromper. Le départ de Robert ne cache peut-être rien. Si c'est le cas, vous imaginez les conséquences ? Robert et Marie-Jeanne, ils habitent juste à côté… Ils penseront que je les ai dénoncés par jalousie ou pour je ne sais quoi. Notre amitié sera brisée à jamais et je devrai déménager. Tout cela pour une intuition. C'est comme ça que j'ai pensé à vous…"

Assis devant la seule femme à lui avoir récemment inspiré des pensées érotiques, Henri Frot est certain que rien ne lui sera épargné. Il n'a pas tort : "… vous, ce n'est pas la même chose. Je me suis dit que vous pourriez glisser l'information dans une conversation que vous auriez avec la police, ou avec le chef de vos patrouilles. Mine de rien, vous pourriez innocemment poser une question à propos du départ inopiné de Robert et de sa femme, personne ne saura d'où ça vient. Vous voyez ?"

Pour donner le change, Henri Frot dit *"je vois, je vois"*, en prenant un air inspiré ; mais, sincèrement, il ne voit pas comment sortir du piège. Quels que soient ses sentiments pour la voisine, il est hors de question d'attirer l'attention de la police en faisant des déclarations farfelues à propos de son coéquipier. Dans le même temps, il ne peut pas la laisser elle-même agiter les drapeaux, ce qui le condamnerait à se porter volontaire pour un séjour de plusieurs années derrière les barreaux. C'est obligatoire.

Henri Frot est abasourdi de se sentir coincé au centre d'une mécanique parfaitement huilée. Affolé, il sent le niveau de ses angoisses monter dangereusement. Bientôt elles le submergeront et le noieront peut-être. Henri Frot a besoin d'air. Il prend appui sur la table pour se lever, mais la voisine le retient en posant sa main sur la sienne. Comme s'ils jouaient à cache-cache, elle souffle le chaud et le froid :

"Ceci dit, tout cela peut sans doute attendre quelques heures… Maintenant que je vous ai parlé, je me sens beaucoup mieux. (Sa bouche se tend d'un petit sourire gêné.) Pour tout vous dire, ici, dans votre cuisine, mes inquiétudes me semblent même ridicules. D'abord, avouons-le, en cherchant un peu je me souviendrais d'autres fois où Robert et Marie-Jeanne sont partis à la dernière minute. (Elle se tait pendant une minute ou deux avant de reprendre.) Pardon, je crois que je me suis fait du cinéma. Il faut dire que, avec tous ces bouleversements, la police, le mort… Tout se mélange. La nuit, ce genre de pensées tournent dans tous les sens, du coup, on se fait peur. La nuit, c'est comme cela : la nuit, tout ce qu'on a dans la tête devient réalité…"

Les mains toujours posées sur la table, Henri Frot se félicite d'avoir un appui. Sans cela, il aurait certainement basculé sur le sol, dans le vide, n'importe où. Le plongeon se serait produit quand elle a dit : *"la nuit, tout ce qu'on a dans la tête devient réalité"*. Si ce n'est pas une coïncidence, c'est qu'elle a vu la voiture garée devant chez elle. L'un ou l'autre, cette remarque ne s'adresse qu'à lui. De toute évidence, la voisine veut lui dire quelque chose, mais Henri Frot n'arrive pas à lire entre les lignes. En réponse, il dit *"c'est bien vrai, c'est bien vrai"* ;

tout à l'heure, il disait *"je vois, je vois"*. La vérité c'est qu'il se sent aussi perdu qu'un grain de sable dans un désert de sable. Ignorant son malaise, la voisine s'excuse pour le dérangement. Elle insiste : "Vraiment, je ne voulais pas vous embêter avec mes angoisses, mais il fallait bien que je parle à quelqu'un. Ce matin, j'étais très inquiète, c'est comme cela que j'ai pensé à vous. (Elle secoue la tête, comme si elle n'en revenait pas.) C'est bizarre, je le reconnais. Cela doit même vous paraître étrange. Après tout, on habite le même quartier, soit, mais on ne se connaît pas. Du moins, vous ne me connaissez pas. Ce n'est pas tout à fait la même chose pour moi, puisque, forcément, depuis que vous faites les patrouilles avec Robert, avec Marie-Jeanne, on a parfois parlé de vous. Votre femme, tout ça. Pardon, excusez-moi, je mélange tout."

Nerveuse, la voisine joue avec un morceau de sucre qu'elle réduit en miettes dans le fond de sa tasse. Henri Frot, lui, respire normalement depuis que le bavardage s'est éloigné des bureaux de police. Dans la conversation, il n'est plus question du départ de Robert ou d'autres inquiétudes. Au contraire. La main sur le cœur, la voisine ne cesse de se reprocher d'être venue à l'improviste. Poli, Henri Frot met lui aussi la main sur le cœur pour lui répondre que, *"non, vraiment, il ne lui en veut pas, qu'elle a eu raison et que, d'ailleurs, si de pareilles angoisses la reprenaient, il espérait bien qu'elle n'hésiterait pas à revenir"*.

Visiblement, cette proposition efface les derniers remords de la voisine. Résolue, elle se lève, fait les trois pas qui la séparent d'Henri et lui tend la main comme s'ils avaient un armistice à signer :

"Merci, merci beaucoup. Pour le café, l'accueil, tout cela, merci. Même si c'est un peu tard pour les présentations, il me semble que je ne vous ai pas encore dit mon nom : je m'appelle Marie-Claire. Marie-Claire Lamont. Mon mari s'appelait Gilles Sauter, c'était le frère de Jacques Sauter, vous l'avez sûrement croisé, lui aussi habite le quartier et je crois même qu'il a donné des cours de défense aux patrouilleurs. Normal, la surveillance, la délinquance, les rondes, c'est son domaine : ancien flic un jour, ancien flic toujours. Voilà, au revoir et merci. Encore merci, vraiment."

La voisine partie, Henri Frot serre les dents pour encaisser ce nouvel uppercut. Déjà colossale, la charge pèse plus lourd chaque jour, chaque heure, chaque minute.

Au mort du début, se sont ajoutés, depuis, le cadavre chez Denis Lassalle, le départ de Robert, les appels de sa femme, le fantôme d'un enfant (cause probable de stérilité), les héros du quartier (Régis Weiss, les Durant), et aujourd'hui les angoisses de la voisine dont il apprend seulement le nom. Marie-Claire Lamont. Marie-Claire Sauter-Lamont.

Insaisissable Marie-Claire, seule femme, avait-il nuitamment pensé, susceptible de lui apporter un peu de réconfort.

Ce matin, elle lui file déjà entre les doigts, elle aussi.

Mon mari s'appelait Gilles Sauter, c'était le frère de Jacques Sauter.

De quoi voulait-elle le prévenir en lui disant cela ?

IMPASSE DES FREESIAS (7)

Le piétinement dans le couloir n'ayant apporté aucune réponse, Henri Frot est retourné se mettre au chaud dans la cuisine. Assis à la place que la voisine occupait quelques minutes auparavant, il ouvre le journal et l'étale sur la table. Ce qui l'intéresse est dans les pages du milieu barrées d'un titre racoleur : "Bavure ? Accident ? Un mort dans le coffre d'un patrouilleur !"

L'article n'est pas plus mesuré. Dès le premier paragraphe, Rémi Bobet rappelle qu'il a été le premier à dénoncer les risques d'une surveillance laissée aux mains de citoyens inexpérimentés. Pour les lecteurs qui n'auraient pas lu attentivement son précédent article, dont les références sont notées entre parenthèses, le journaliste noircit encore le tableau : aux craintes *d'un retour aux heures les plus sombres de l'histoire*, il ajoute le danger de voir de simples citoyens s'octroyer le droit de vie ou de mort sur tous ceux dont le comportement leur semblerait suspect. Toujours soucieux d'étayer ses propos par l'avis d'une autorité scientifique, Rémi Bobet s'est entretenu avec un sociologue à qui il a demandé, cette fois, de préciser des inquiétudes déjà mentionnées, et, surtout, de les développer, *à la lumière des faits constatés.* La description de ces faits occupe un quart de la page.

Sous une photo de la voiture de Denis Lassalle remorquée dans les rues du quartier, la découverte du corps est relatée par une certaine Mme Fransenne, cinquante-deux ans, présentée comme un témoin encore sous le choc : *"Chaque matin, j'accompagne mon mari et je le salue sur le pas de la porte. Hier, quand il s'est éloigné, j'ai machinalement regardé autour de moi, c'est là que j'ai vu que le coffre de la voiture de D. L.* (voisin du couple, ndlr) *était resté ouvert. Ce détail a attiré mon attention parce que le quartier a été la cible d'une série de cambriolages. Depuis, nous sommes devenus plus vigilants. Evidemment je ne m'attendais pas à cela ! C'était terrible ! J'ai immédiatement appelé la police !"*

Logiquement, la suite est racontée par un des policiers de permanence ce jour-là, un certain X. Vlot, inspecteur : *"Mon collègue et moi avons été prévenus qu'un corps se trouvait dans le coffre d'une voiture. Nous sommes arrivés sur les lieux un peu avant 8 heures. Une fois l'information vérifiée, nous avons dressé un périmètre de sécurité et appelé les collègues de la brigade scientifique. Après un premier examen, ils ont pu déterminer que le corps était celui d'un homme d'une trentaine d'années, mort depuis quelques heures."*

Le mot de la fin est laissé à un porte-parole officiel qui ne dit rien de plus que ce qui a déjà été dit. Dans le bas de la page, plusieurs colonnes sont consacrées aux témoignages (le titre de la rubrique est écrit en capitales). Accompagnées de courts textes, plusieurs photos y sont reproduites. La première est le portrait d'un inconnu venu dans le quartier pour l'occasion et qui affirme bien connaître D. L., un type avec qui il a travaillé des années, *un dur.* Juste à côté, s'affichent Jacques Sauter, interrogé en qualité de familier des lieux et des personnes concernées, et, pour clore la série, Régis Weiss posant devant un tract demandant l'arrêt des patrouilles. Rémi Bobet le laisse développer ses arguments sur une dizaine de lignes, un espace suffisant pour l'amener à formuler lui-même une menace souvent agitée, mais négligée jusqu'à aujourd'hui : *"Un jour, il fallait s'y attendre, il y aurait des dérapages."*

S'appuyant sur cette déclaration, Régis Bobet termine son article, sans surprise : *"D. L., patrouilleur et ancien militaire, se sera trouvé dans une situation où il se sera senti en droit d'intervenir. Tout cela devra bien sûr être confirmé par l'enquête et/ou par D. L. dont on est sans nouvelles. Un avis de recherche a été lancé."*

Malgré les précautions d'usage et l'emploi du conditionnel, le point final sonne comme un CQFD. Il faudrait être sourd pour ne pas l'entendre.

Dans le cerveau d'Henri Frot, au milieu du désordre et du bruit, les hypothèses poussent comme des champignons. Pêle-mêle, des morceaux de film défilent sur les murs de la cuisine. La projection n'est pas de grande qualité, mais on y reconnaît la voiture de Denis Lassalle passant deux fois dans les rues du quartier, l'arrivée de Robert *plus en retard que les autres jours*, son départ précipité raconté par la voisine.

Comme une ritournelle, des paroles s'ajoutent aux images et font tout pour attirer l'attention : deux voitures, deux patrouilles, deux morts.

Deux voitures, deux patrouilles, deux morts.

Deux voitures, deux patrouilles, deux morts.

La cadence militaire invite à se mettre au pas.

Deux voitures, deux patrouilles, deux morts.

Henri Frot refuse pourtant d'y regarder de plus près, l'évidence lui fait froid dans le dos.

Deux voitures, deux patrouilles, deux morts.

Contre son gré, de nouveaux extraits de film s'imposent partout autour de lui.

Parfois on y voit Denis Lassalle avec deux morts sur les bras.

Deux voitures, deux patrouilles, deux morts.

Fébrile, il appelle Robert pour l'aider à faire le ménage.

Parfois le rôle-titre est laissé à Robert.

C'est alors Denis Lassalle qui se charge du nettoyage. Puis Henri Frot pour un second épisode.

Autant d'hypothèses qui ne manqueraient pas d'intéresser la police.

Deux voitures, deux patrouilles, deux morts.

C'est à devenir fou.

Paralysé par l'étendue du problème, Henri Frot souffre d'avoir à jouer le rôle du pion. Un de ces emplois d'abrutis réservés, dans les vrais films de cinéma, aux paumés, aux chômeurs, aux gars largués par leur femme depuis plusieurs mois.

Un costume taillé pour lui, il est bien obligé de le reconnaître.

Le décor n'a pas changé.

Les coudes toujours posés sur la table, Henri a lu attentivement tout le journal à la recherche d'un article, d'une dépêche, d'un mot annonçant la découverte d'un corps dans la rivière. Tout est parti de là, il serait donc légitime qu'il y ait une trace de cette actualité aux conséquences effroyables, mais Henri Frot ne trouve rien. Il n'y a rien. Comme si ce mort-là se confondait avec le corps trouvé dans la voiture de Denis Lassalle.

Deux voitures. Deux patrouilles. Un mort ?

Le puits est sans fond. Pour ne pas y tomber, Henri s'accroche à tout ce qu'il trouve dans la cuisine : les chaises, la table, les armoires, les placards, la porte du jardin, le double évier et l'horloge publicitaire, cadeau du beau-frère maçon. Perdues dans un cadran immense, les aiguilles semblaient à jamais immobiles, sauf pour Hélène qui, elle, n'avait jamais eu de mal à voir l'aiguille des minutes grignoter quelques millimètres toutes les soixante secondes. Ces minuscules sauts de puce, Hélène les voyait comme un rappel de *l'inexorable compte à rebours*, métaphore qu'elle avait souvent utilisée.

Concernant les enfants, par exemple, les jours de mauvaise foi, elle se plantait devant son mari et balançait son index de gauche à droite en faisant le bruit d'un réveil : tic-tac, tic-tac. Par ce geste, elle sortait du tiroir une théorie, lue dans un magazine, une théorie selon laquelle les enfants donnaient non seulement un sens à la vie, mais aussi à la mort. Hélène avait immédiatement rangé cet argument dans son répertoire de lamentations. A ce qu'elle appelait *la douleur* de ne pas avoir été mère, s'ajoutait la peur d'un échec qui la suivrait dans la tombe : crainte d'un oubli, peur d'une aspiration dans le vide qu'Henri Frot disait ne pas ressentir. Hélène l'accusait alors de désinvolture, ce qu'elle lui avait encore reproché dans la dernière phrase de sa lettre d'adieu : ... *ta légèreté m'est insupportable. Il est trop tard. Je n'ai plus la patience d'attendre. Je n'en peux plus, je lâche prise.*

Je n'ai plus la patience d'attendre. Henri Frot n'avait jamais compris ce qu'on attendait de lui. La seule fois où il avait supplié Hélène de lui donner des indications plus précises, ils sortaient d'un cinéma devant lequel un gitan jouait de l'accordéon derrière une boîte de conserve. Hélène y avait déposé une pièce avant de glisser à son mari : *"Comme cela, tu vois comment certains subliment leur désespoir."* C'était un reproche, évidemment. Piqué au vif, il avait demandé des explications, notamment au sujet des *attentes* d'Hélène, dont elle parlait comme s'il était censé les avoir apprises par cœur le jour de leur mariage. Une fois de plus, Hélène n'avait pas voulu en dire davantage. Elle s'était contentée de hausser les épaules, puis l'avait soupçonné de vouloir noyer le poisson : *"Au lieu de singer les philosophes, tu ferais mieux de mettre un pied devant l'autre. Si, pour une fois, tu fais l'effort de t'obstiner un peu, tu finiras bien par arriver quelque part, ce sera un bon début."*

Au théâtre la réplique aurait été ponctuée par un tomber de rideau.

Le public aurait applaudi. Les femmes des premiers rangs auraient sévèrement condamné l'attitude du mari, certaines en auraient profité pour confier à leurs voisines avoir vécu de telles confrontations. Sans tarder, d'autres auraient levé le poing en affirmant que, même s'il ne fallait pas généraliser, certains hommes ne valaient pas grand-chose. Excessives, les plus virulentes auraient été jusqu'à prétendre qu'elles regarderaient ailleurs le jour où deux ou trois de ces gaillards seraient passés par les armes. Sur l'échelle de l'humanité, ils ne valaient rien. Rien de rien.

BOULEVARD SAINT-MARTIN (2)

Une heure après le départ de la voisine, malgré un moral au plus bas, Henri Frot se décide à mettre un pied dehors, lui aussi. De préférence ce fameux *pied devant l'autre* cher à Hélène. Pour l'occasion, il a remis ses chaussures marron comme d'autres mettraient un cierge à l'église.

Sans être pratiquant, Henri Frot avait été élevé dans la religion catholique, un monde dont il connaissait les images et les rituels par cœur. Jeune, il avait suivi sa mère et sa grand-mère jusqu'à l'église et les y avait regardées se mettre à genoux en implorant une statue de la Vierge sur laquelle elles posaient leurs mains. Un geste de prière qu'il avait pieusement répété en posant ses deux mains sur la tasse utilisée par la voisine.

Henri Frot tenait à mettre toutes les chances de son côté.

Méthodique, il était ensuite monté dans sa voiture après l'avoir aspergée de désinfectant pour moquette. Ainsi protégé, il avait pris la direction de l'ancienne station-service, point de départ symbolique de son retour des enfers.

Longeant le boulevard Saint-Martin, il s'était remémoré les mises au point de Robert à propos de l'histoire du quartier. D'emblée son coéquipier lui avait avoué son étonnement :

"Pour moi, c'est un mystère : tu as vécu ici pendant trente ans et tu ne connais rien. Tu ne sais rien, c'est incroyable ! Pour moi, c'est vraiment un mystère. C'est un mystère !" avait-il répété.

Henri Frot, lui, ne trouvait pas cela *mystérieux*, mais il lui avait fallu du temps pour rassembler ses idées et quelques arguments suffisamment plausibles pour ne pas devoir avouer sa ferme volonté d'éviter la fréquentation des enfants et de leurs parents, ce qui aurait pu avoir des conséquences sur les humeurs d'Hélène, notamment. Sur ce point, Henri Frot pensait qu'on ne se montrait jamais assez prudent. Bref, puisqu'il ne pouvait pas dire le fond de sa pensée, Henri Frot avait fait allusion à son travail, à ses loisirs, des arguments peu convaincants :

"J'entends, j'entends, avait noté Robert. N'empêche, au final, dans le quartier tu ne connais personne, ou presque. Résultat, même si, virtuellement, tu fais partie des habitants de la première génération, quand ta femme te quitte, personne n'est là pour te réconforter."

Craignant sans doute d'y être allé un peu fort, Robert avait mis de l'eau dans son vin :

"Remarque, je dis cela, mais il n'est pas trop tard. Il n'est jamais trop tard, la preuve, avait-il constaté en désignant l'intérieur de la voiture qui les abritait tous les deux. Maintenant que les obligations s'éloignent les unes après les autres, on pourrait se rencontrer plus souvent. Pour commencer, à l'occasion, je pourrais te présenter ma femme. Ne crois pas que je te dise cela pour tourner le couteau dans la plaie. Ta femme est partie, soit, mais elle reviendra. C'est sûr, elle reviendra. D'ici là, je te présenterai des voisins, *nos voisins*, et, pour commencer, je te ferai rencontrer ma femme, tu verras, elle aussi c'est un sacré numéro."

L'occasion ne s'était pas présentée.

Alors qu'il s'engage sur l'embranchement menant, jadis, du boulevard à la station-service, Henri Frot repense à cette discussion à propos des voisins et de la femme de Robert. Il y avait d'ailleurs eu plus d'une seule discussion à ce sujet. Maintenant qu'il prend la peine d'y réfléchir, Henri Frot réalise que, dans la voiture, Robert a toujours été le premier à engager une conversation et donc à en choisir le thème, et que ce thème tournait toujours autour des voisins, du quartier, des femmes. Sa femme, bien sûr, mais aussi celle d'Henri dont Robert avait analysé le comportement à la lumière de son expérience. Jusque-là, Henri Frot en avait déduit que Robert était un bavard, une compagnie agréable pour distraire les heures passées ensemble dans la voiture. Rien de plus.

Aujourd'hui, au vu de tout ce qui se passe autour de lui, Henri se demande si cette obsession de Robert à parler de sa femme et de ses voisins ne s'explique pas autrement. Le problème c'est qu'il ne voit pas l'ombre d'une autre explication. Cette question sans réponse n'est donc qu'une pierre de plus sur le tas de pierres auquel Henri a tourné le dos depuis qu'il a remis ses chaussures marron.

Désormais, il ne pense plus.

Désormais, il se contente juste de mettre un pied devant l'autre.

Sous un ciel mitigé où l'humidité ne tardera pas à rappeler que la région est une des plus arrosées du pays, l'emplacement de l'ancienne station-service semble beaucoup plus petit. Sorti de la voiture, Henri Frot arpente le terrain et peine à imaginer les bâtiments du garage tels que Robert les lui avait décrits. Par contre, il n'a aucun mal à se souvenir des manœuvres et de l'endroit où Robert lui avait demandé d'allumer ses phares. Pile en face du chemin. Un sentier qui n'a rien de bucolique, le terrain ne l'est pas non plus : des ordures jonchent le sol, les herbes les plus hautes sont parsemées de journaux, d'emballages de toutes sortes, et des pneus sont empilés près d'une dizaine de sacs-poubelles dont la plupart sont éventrés.

Henri n'imagine pas qu'on puisse venir se promener par ici.

Même si la propreté du site avait été dix fois supérieure, personne n'aurait l'idée de venir ici avec ses enfants en dehors d'une campagne de sensibilisation à la pollution de l'environnement.

Robert n'y avait pas fait allusion, il avait juste dit connaître l'endroit parce qu'il s'y baladait avec Cécile et Nicolas. Destination pour le moins insolite alors qu'un parc municipal avait été aménagé près du terrain de sport, soit à trois cents mètres de chez Robert et Marie-Jeanne. Un mystère de plus. Il faudrait les noter.

Henri Frot avance jusqu'à l'entrée du chemin. De là, il peut voir le toit des premières maisons, celles de l'allée des Lupins, probablement. Avant de s'engager, Henri jette un coup d'œil à sa voiture garée le long du boulevard. Depuis son arrivée, un seul véhicule est passé à sa hauteur. S'il avait été au volant, Henri se serait sans doute brièvement interrogé sur les motivations à s'arrêter près de ce qui ressemble à un terrain vague. Se connaissant, il n'aurait pas trouvé d'explication, alors qu'Hélène, si elle avait été assise à ses côtés, aurait pu en citer une dizaine. Henri Frot s'en veut de penser à elle maintenant. Surtout, il lui en veut, à elle, de s'imposer dans toutes les images qui lui viennent à l'esprit. Il redoute que cette priorité ne lui soit accordée pour des années encore. Sous prétexte de l'avoir épousée et d'avoir vécu avec elle pendant trois décennies, Hélène garderait le privilège de s'asseoir à côté de lui dans la voiture ou sur le divan du salon qu'ils avaient acheté ensemble, et cela même s'il refaisait sa vie avec la voisine ou avec une autre femme. Il en est persuadé. La lettre d'adieu aurait pu être longue de douze mille huit cents pages qu'il n'en serait pas autrement. Il faudra s'y résigner.

Autour de lui, le terrain est accidenté. Les plaques de macadam encore intactes sont soulevées par endroits. Henri se demande à quoi ressemblait le site du temps où le fils du garagiste n'était pas encore mort sur une autoroute espagnole. Henri devrait le savoir, mais il n'en a aucun souvenir. Aujourd'hui, il fait surtout attention à ne pas poser son pied n'importe où. A voir tout ce qui traîne par terre, il pense que c'est un miracle que, avec Robert, ils n'aient pas trébuché cent fois, glissé sur des bouteilles ou sur un tas de chiffons. Concentré, Henri Frot s'arrête sur le bord du chemin et avance maintenant en comptant ses pas. Cette nuit-là, il avait aussi machinalement compté ses pas, espérant éviter ainsi, au moins un tout petit peu, de penser à *l'autre chose.* Cinquante-trois. Il y avait cinquante-trois enjambées. Il se souvient du chiffre, parce que c'était son âge exact quand l'usine avait fermé ses portes, le lendemain de son anniversaire.

Cinquante-deux, cinquante-trois.

Imitant les acteurs américains portant une blouse blanche avec le sigle d'un département de police dans le dos, Henri Frot regarde autour de lui comme si le nom du meurtrier allait soudain lui apparaître telle une Sainte Vierge dans les nuages. Penché vers l'avant, il scrute le sol à la recherche d'une trace de sang, d'une arme, d'une tache, mais il ne voit rien.

L'herbe n'est pas plus aplatie qu'ailleurs.

Le mort étalé à cet endroit n'existe plus que dans sa mémoire, c'est encore une différence avec la télé où les enquêteurs disposent de photos, au moins d'un croquis. Pour la forme, Henri fait dix pas en arrière, puis dix pas en avant. Il se représente la taille d'un homme allongé bras en croix, ferme les yeux, tente de se souvenir d'un détail. Ouvre les yeux et se voit ridicule dans ses chaussures marron, à la recherche d'indices qu'il ne verrait pas, même s'ils lui sautaient à la figure.

Henri Frot s'en veut, mais poursuit sa route vers l'allée des Lupins. La destination qu'il s'était choisie avant de se prendre pour Sherlock Holmes.

ALLÉE DES LUPINS (3)

L'arrivée par ce côté donnait une autre perspective aux maisons, aux voitures et aux rues. Quittant les herbes et les buissons, Henri Frot a le sentiment de s'extraire des bois pour rejoindre la civilisation. Devant lui se trouve une petite place qui ferme le cul-de-sac de l'allée des Lupins. Apparemment, les urbanistes avaient souhaité garder une porte de sortie vers le boulevard au cas où le quartier aurait un jour à se développer par là, mais le quartier ne s'était pas agrandi.

Henri Frot marche sur le trottoir, mains dans les poches. Les premières gouttes de pluie le surprennent alors qu'il est encore à cinquante mètres de la maison de Régis Weiss. L'averse pourrait lui servir d'excuse. Au lieu d'arriver chez l'ancien prof d'allemand pour lui demander d'emblée de confirmer, ou non, une rencontre avec Robert le soir où M. Durant le croyait en Normandie, il pourrait plus simplement lui demander de se mettre à l'abri. Suivrait une conversation à propos du mauvais temps, une dépression annoncée depuis plusieurs jours. Tout le monde avait été mis au courant et sortait avec son parapluie, tout le monde sauf Henri Frot qui s'emmêlera dans les explications, donnant raison à Régis Weiss qui s'inquiète de la disparition d'Hélène. Il faudrait alors le devancer sur ce terrain glissant, mais Henri sait qu'il n'y sera pas à la hauteur. Il n'a jamais été bon comédien.

Dix mètres plus loin, la question de savoir comment il entrera chez Régis Weiss n'est plus d'actualité. L'ancien prof est déjà sur le trottoir, c'est lui qui tend la main à Henri Frot :

"Cher voisin, quel plaisir !"

Régis Weiss en rajoute pour se mettre en scène devant les deux hommes debout à côté de lui. Deux hommes qu'Henri Frot reconnaît sans peine : hier, les mêmes arrivaient à fond de train dans une voiture noire. Une apparition qui avait poussé Henri Frot sous le tableau de bord où il avait revu sa femme sortir de son bureau donnant la main à un inconnu. Vision qui, si on suit le fil de bout en bout, l'avait conduit à s'asseoir dans la cuisine de la voisine de Robert, ce qu'il ne regrette pas. Aujourd'hui, c'est Jacques Sauter, sous un ciel de plus en plus sombre, qui salue Henri Frot avec familiarité :

"On se connaît, on se connaît, vous faites partie des patrouilleurs, n'est-ce pas ?"

Son visage est sévère, il garde la main d'Henri Frot dans la sienne :

"On a une mauvaise nouvelle", lui dit-il.

S'apercevant que, tout à l'heure, sa voix n'était pas dans la bonne tonalité, Régis Weiss se rapproche et affiche la même compassion :

"Oui, c'est une mauvaise nouvelle. On l'attendait un peu, on la redoutait : le corps de Denis Lassalle a été retrouvé par la police, il gisait sur un talus du chemin de fer. Pas de traces de coups. D'après les autorités, il aurait volontairement sauté du pont ou d'un train."

Régis Weiss secoue la tête, imité par Jacques Sauter et par le troisième homme qui s'avance vers Henri Frot pour se présenter :

"Bonjour. Mon nom est Rémi Bobet, journaliste."

S'il tenait une comptabilité, Henri Frot pourrait rayer cette énigme de sa liste. Quant à savoir ce que le journaliste fait là, en compagnie de Jacques Sauter, la réponse arrive toute seule :

"J'ai l'intention d'écrire un papier sur le *passage à l'acte.* Cet instant où un homme sans reproche, comme l'était Denis Lassalle, tue un autre homme. Ce matin, j'ai passé une heure avec un psychiatre de l'hôpital. C'est très impressionnant, on ne s'imagine pas tout ce qu'il y a en amont et en aval, c'est très riche. Pour un journaliste comme moi, c'est une matière très intéressante. Ce qui n'était qu'un fait divers prend une dimension…"

Ne trouvant pas de mot assez fort, Rémi Bobet ouvre largement ses bras. Il respire bruyamment et conclut :

"… *bouleversante.* C'est cette idée que j'aimerais transmettre à mes lecteurs : avec cette affaire, on peut espérer susciter une prise de conscience.

On est au cœur du travail de journalisme. Tout le monde est bouleversé."

Il lève les yeux au ciel, comme s'il voulait s'y perdre, puis regarde sa montre :

"Vingt minutes. Mes amis, dans vingt minutes, je dois être dans mon bureau. C'est le moment de faire un dernier point, on a tout juste le temps."

Régis Weiss se retourne, et les précède jusqu'à la porte d'entrée.

Sans effort, Henri Frot se trouve ainsi embarqué au cœur même des bouleversements.

Avant cette date, la vie d'Henri Frot n'aurait pas fait une ligne dans un journal. Il était né en bonne santé, avait grandi en bonne santé, entouré par ses parents, en bonne santé tous les deux. Enfant, Henri n'avait pas eu de frère ou de cousin pour se noyer sous ses yeux, son père ne l'avait jamais frappé, sa mère n'était pas alcoolique et aucun de ses professeurs n'avait eu de parole ou de geste déplacés. Son adolescence s'était déroulée sans qu'il pense jamais à s'engager dans la Légion ou dans une ligue révolutionnaire. Il n'avait pas non plus pris la peine de renier sa famille. Inscrit dans une école de comptabilité, il avait brillé sans exceller. Pour fêter son diplôme, Henri Frot avait quand même suivi les plus mauvais de sa promotion dans une virée en Espagne. Il en gardait un souvenir suffisamment imprécis pour croire que ces brèves vacances furent l'occasion d'expériences à la limite de la légalité. Il s'en était d'ailleurs vanté auprès d'Hélène, le jour où elle-même avouait avoir fumé de la drogue lors d'un séjour linguistique en Angleterre. La suite de la biographie d'Henri s'était écrite sans originalité : une place de cadre, un avancement, un mariage, l'achat du pavillon, la fermeture de l'usine, les déceptions d'Hélène.

Pour sortir du lot des millions d'autres Henri Frot vivant dans le pays, cet Henri Frot-là aurait au moins dû pousser sa femme du haut de la falaise, au lieu de la ranger dans le tiroir des suicidées. Sans ce coup d'éclat, Henri Frot ressemblera toujours, trait pour trait, aux millions d'autres Henri Frot. Jusqu'au jour où il était sorti de chez lui pour patrouiller avec Robert, sa seule excentricité avait été cette volonté, jamais revendiquée à haute voix, de ne pas avoir d'enfants. Ce n'était pas extravagant, mais quand même remarquable. Il n'avait pas eu besoin de se distinguer autrement. Il n'avait pas eu besoin de le crier sur les toits. Il n'avait pas eu besoin d'exprimer ses volontés sur huit pages, comme l'avait fait sa femme. Les ambitions d'Henri Frot n'avaient jamais été au-delà de ce qui était à sa portée. Rien ne l'avait préparé à vivre autre chose que des rêves de sauvetage d'enfants pour épater sa femme et un surveillant de piscine municipale. Apparemment, il n'était donc pas destiné à côtoyer des cadavres et des hommes n'hésitant pas à passer à l'acte. Cette histoire n'était donc pas faite pour lui. Elle lui faisait peur. Surtout, il avait peur de ne pas être à la hauteur. Naïf, il pourrait se liquéfier devant la police ou devant la voisine.

Henri Frot redoutait de ne pas être à sa place.

Concentré sur son exercice de flagellation, Henri Frot ne fait pas très attention à ce qui se dit autour de lui. De loin, il entend Sauter répéter les confidences d'un de ses anciens collègues : "... *ils ont des infos sur le mort trouvé dans le coffre de Lassalle : vol, violence, il avait bien un casier.*" D'encore plus loin, lui parvient la voix du journaliste Rémi Bobet citant les titres universitaires du psychiatre qu'il a interrogé. La seule chose qui, finalement, tire Henri Frot de sa torpeur, c'est l'ameublement du salon de Régis Weiss. Sans doute influencé par la matière qu'enseignait son voisin, Henri Frot s'était imaginé une maison dans les tons vert-de-gris, meublée de chêne, et décorée de paysages de chasse. Il s'est trompé, là encore.

Chez Régis Weiss, les murs étaient peints dans un ton très clair. Toutes les parois du rez-de-chaussée avaient été abattues. Ainsi dégagé, l'espace s'ouvrait vers les vastes fenêtres donnant sur le jardin. Le mobilier était léger et de facture très contemporaine, mélange de bois et de toiles tendues sur des cadres en acier. L'ensemble était très élégant. *"Très classe"*, se disait Henri Frot en cherchant quel objet pourrait prendre place chez lui. Il n'en trouvait aucun, les estimant tous trop grands ou trop originaux. Devinant les raisons de cette distraction, Régis Weiss feint de les ignorer pour ramener le nouveau venu au cœur de la discussion :

"Denis Lassalle surprend l'individu dans le quartier, peut-être qu'il le piste quelques minutes et, sans doute motivé par son passé militaire, il décide d'intervenir..."

A cet instant du récit, comme s'ils étaient dans une salle de classe, Jacques Sauter se lève et corrige l'affirmation de son voisin :

"... il a *décidé* ou il a été *contraint* de réagir. Il se peut en effet qu'il soit intervenu pour empêcher la réalisation d'un délit. Les autopsies démontreront peut-être que Denis Lassalle a été obligé de se défendre. Pour l'instant, on a deux morts, mais on ne sait pas encore qui aura le droit au statut de victime. Seul face à un individu menaçant, Denis Lassalle se sera défendu avec des gestes appris, c'est vrai, auprès des militaires. Cela ne fait pas de lui un psychopathe. La preuve : après ce qu'on appellera *le drame*, que fait Denis Lassalle ? Il dépose le corps dans sa voiture, le ramène chez lui et va se jeter sous un train. Si cet homme était un criminel, il aurait trouvé un moyen pour éliminer le corps. Ni vu ni connu. A ce sujet, tu peux me croire, quand j'étais dans la police j'en ai vu suffisamment pour te donner des exemples qui t'empêcheront de manger pendant six mois. Ici, non, Denis Lassalle rentre chez lui, laisse le corps de la victime dans sa voiture et il se suicide. Dans ce cas de figure, on dira que, s'il y a un coupable, ce n'est pas lui, c'est ceux qui l'ont poussé dans sa voiture et lui ont confié un boulot de flic alors qu'il n'était pas flic ! Attention à ne pas se tromper de cible ! Les vrais coupables ne se trouvent pas dans le quartier ! Ce ne sont pas les types qui passent leur soirée à patrouiller dans les rues ! Ce ne sont pas les citoyens qui n'ont pas trouvé d'autre solution pour protéger leur famille et leurs biens ! Les vrais coupables ne passeront jamais devant un tribunal, ils sont invisibles derrière leur pile de dossiers, noyés dans la foule des décideurs anonymes ! Les vrais coupables se cachent derrière leurs règlements et leurs bons sentiments ! Résultat, au bout de la chaîne, c'est un Denis Lassalle qui préfère se donner la mort ! Une honte !"

Appliqué, Rémi Bobet prend des notes à la vitesse de l'éclair. De temps en temps, il pousse un *"ouais, ouais"* d'encouragement, mais Jacques Sauter n'a pas besoin d'être encouragé. Il maîtrise le sujet avec finesse. On est loin des slogans militants de l'ancien prof d'allemand.

Bluffé par la démonstration, Henri Frot ne sait pas ce qu'il faut en penser, et c'est bien dommage parce que c'est juste la question que lui pose le journaliste visiblement en manque d'inspiration :

"Vous, vous en pensez quoi ? Après tout, vous êtes dans la même situation. Potentiellement, bien sûr, vous pourriez vous retrouver dans la même situation. Si c'était le cas, à votre avis qui serait coupable ?"

Touché en plein cœur, Henri Frot ne voit pas d'autre issue que de laisser son regard filer à la recherche d'une ligne d'horizon dont la stabilité lui permettrait de ne pas perdre pied. Inaugurée dans son enfance, cette stratégie ne l'avait jamais trahi.

Il faut croire que les meilleures choses ont une fin.

AVENUE DES ROSES-BLANCHES (1)

Dans une maison sans murs intérieurs, le regard d'Henri Frot n'avait pas eu trente-six solutions. La plus évidente se situait pile en face de lui, une fenêtre offrait, là, une belle ligne de fuite vers l'infini. Trop ambitieux pour Henri qui avait préféré le coin opposé, celui réservé à la cuisine. Près du frigo, une série de photos étaient punaisées sur un panneau en liège. Une seule avait retenu son attention, elle semblait même n'être là que pour lui couper le souffle et relativiser l'urgence à répondre aux interrogations de la presse écrite. Question de priorité.

Oppressé, Henri Frot dit quand même :

“Je ne sais pas, je ne sais pas.”

Une réponse offerte sur un plateau pour un Jacques Sauter très remonté :

“Exactement, vous avez parfaitement raison : *on ne sait pas.* Personne ne sait comment il réagirait. Personne ne prend le temps de réfléchir à ces questions. On se lance. On part sur les routes. On chasse le gibier, mais quand on l'a trouvé, on ne veut ni le tuer ni le relâcher. C'est l'impasse ! Tout cela parce qu'on ne réfléchit pas assez ! La malédiction, elle est là ! Comme dit ton psychiatre, il y a un amont et un aval. C'est là-dessus que tu dois insister, dit-il à l'adresse de Rémi Bobet, ne mets pas tout sur le dos de Denis Lassalle."

Si Henri Frot entend bien tout ce qui se dit autour de lui, il n'en pense rien, il ne s'en offusque pas, il n'en déduit rien. La seule chose qui le préoccupe, c'est de sortir au plus vite de la maison et de filer chez la voisine de Robert. Cette fois, il est bien décidé à lui demander tout ce qu'elle sait à propos de ce gamin dont le portrait, vieux de trente ans, trône dans sa cuisine, mais aussi dans celle de Régis Weiss.

Avant de partir, Henri Frot entend encore Jacques Sauter faire ses recommandations au journaliste :
"On tient le morceau, on tient le morceau. Si tu joues bien la partie, c'est un sujet qui pourrait te sortir du régional. Hein, Régis, tu es de mon avis ?"
L'interpellé approuve, au mot près :
"Tu l'as dit, avec ça, les stations nationales vont sûrement appeler. Si tu veux mon avis, on va en parler en haut lieu. Cela va faire du bruit."

Tout le monde est déjà debout, mais l'ancien prof d'allemand les retient avec des airs de conspirateur :
"Attendez, je ne peux pas vous laisser partir, comme ça. On a déjà eu notre compte d'émotions, c'est l'heure du petit coup de fouet pour affronter

la suite. Parce que la journée n'est pas encore finie, hein ?"

Comme un prestidigitateur, Régis Weiss brandit une bouteille et lève la main pour contrer les arguments du journaliste :

"Non, tu ne peux pas refuser ! AOC, quarante degrés, il y a trois jours, elle était encore dans une cave en Normandie avec toute sa famille, non tu ne peux pas refuser ! Regarde comme elle est belle, regarde-moi cette couleur, c'est un miracle !"

Henri Frot est le premier à tendre son verre.

Virils, les hommes s'accordent une deuxième tournée. Plus une dernière, pour la route.

Cette fois, la voisine ne portait pas de chaussures à talons. Henri Frot l'avait tout de suite remarqué : s'il la prenait dans ses bras, il pourrait poser son menton sur le sommet de son crâne. Dopé par le calvados, il avait eu envie d'essayer, mais s'était retenu de justesse, rattrapé par des principes anciens selon lesquels il ne fallait pas tout mélanger. Il n'était pas là pour embrasser la voisine. Il était là pour comprendre l'amont et l'aval de la photo d'un gamin dont il ne se souvenait plus du nom, mais qui lui avait pourri la vie et surtout la vie d'Hélène.

Grégoire, lui rappelle Marie-Claire Lamont après lui avoir tendu une serviette. Elle insiste :

"Vous êtes sûr que vous ne voulez pas vous changer ? En haut, je peux vous trouver une chemise. Je peux au moins vous passer un gilet, il doit y en avoir un dans l'entrée du garage."

Henri Frot la retient par le bras :
"Non, c'est juste les cheveux. Ma veste m'a bien protégé, c'est juste les cheveux. Regardez, c'est déjà presque sec."

S'il ne fallait pas ne pas tout mélanger, Henri Frot se serait penché pour qu'elle pose sa main sur ses cheveux. Ce qu'elle n'aurait peut-être pas fait, d'ailleurs. Peu importe, il ne veut pas y penser, il ne veut pas non plus reparler du déluge qui l'a surpris sur le chemin, il faut garder la main :
"Dites-moi, pour Grégoire…
— Tout le quartier a été sous le choc. Il avait l'âge de nos enfants, c'était une bande. Ils étaient tout le temps ensemble. Le quartier, c'était leur terrain de jeu. On a tous été bouleversés. Après, cela n'a plus jamais été pareil.
— C'est-à-dire ?
— Officiellement, Grégoire a été renversé par une voiture inconnue, mais, très vite, il y a eu des rumeurs. Certains ont dit que la voiture était une voiture d'ici. On a dit aussi que c'étaient des gosses du quartier qui la conduisaient. Pendant des mois, tout le monde s'est regardé par en dessous, vous voyez ce que je veux dire ? Chacun s'est fait son opinion, alors forcément ça a laissé des traces, même si la version officielle n'a jamais été contestée. Quand les parents de Grégoire ont déménagé, les choses auraient dû s'apaiser, mais, bon, quand c'est cassé, c'est cassé, parfois on ne recolle jamais les morceaux."

Le cerveau d'Henri Frot est en ébullition, les dernières traces de calvados sont balayées par des flots d'adrénaline pure. Il ose à peine poser une question :

"Mais votre opinion ? Votre opinion à vous ?

— Mon opinion, c'était surtout l'opinion de mon mari. Il a tout de suite soupçonné James, l'aîné de son frère Jacques. Jacques Sauter. Ce jour-là, notre fils était rentré plus tôt parce qu'il y avait des bagarres du côté de *la zone.* Les grands avaient chassé les petits. Julien, mon fils, faisait partie des petits. Il a raconté à son père que James était allé chercher la voiture de son père. A cet âge, avoir un père chez les flics, ça fait marcher l'imagination…"

Henri sent qu'elle est sur le point de lui confier des secrets, il aimerait l'encourager, mais il a peur de rompre le fil de cette étrange conversation. Il respire le plus doucement possible, puis la regarde l'observer du coin de l'œil :

"Pour vous, cela va être de la science-fiction, je vous aurais prévenu, dit-elle avant de poursuivre sur sa lancée. Mon mari a fait son enquête. Il y a consacré ses journées, et beaucoup de ses nuits. Lentement il s'est construit un scénario. Pour lui, il n'y avait plus de conditionnel, il était sûr de son coup : c'était James. Pas James tout seul, mais sûrement James. D'après mon mari, James serait bien allé chercher la voiture de son père. Avec d'autres grands, ils voulaient parader pour épater les filles. A cette époque James sortait avec Isabelle, la fille de Régis

Weiss, des histoires d'amour comme au cinéma. Grégoire, lui, frimait sur sa mobylette. Vous avez vu le film *La Fureur de vivre*? lui demande-t-elle en se redressant. Le frère de mon mari était dingue de cinéma américain, d'ailleurs ses enfants portent tous des prénoms américains. James c'était un nom prédestiné. Bref, il y a eu l'accident. Une bavure insupportable pour un flic, il s'est démené pour effacer les traces. Grégoire était mort, ça on ne pouvait rien y changer, par contre il a arrangé le coup pour ceux qui restaient. D'abord, il a fait disparaître la voiture. Pour ça, il a mouillé un de ses indicateurs, un garagiste. Comme par hasard, deux mois plus tard, ce même garagiste emménageait dans le quartier : Richard Gisco, vous pouvez vérifier, il habite toujours la même maison, clos des Glycines, juste à côté de chez Jacques Sauter. D'après mon mari, les autres parents ont mis les mains dans la boue, eux aussi. A des degrés divers, mais Régis Weiss, Robert Donnay et d'autres, qui ont déménagé depuis. Tout le monde savait. Tout le monde savait *quelque chose*. Les répercussions ne se sont pas fait attendre : Thérèse, la femme de Régis, n'a pas tenu le choc, elle est repartie en Normandie avec ses enfants. Robert et Marie-Jeanne ont envoyé les leurs en Angleterre pour finir leurs études, quant à James et sa sœur, ils sont partis avec leur mère s'installer aux Etats-Unis. Jacques devait les rejoindre, mais, toujours d'après mon mari, Richard Gisco l'en aurait empêché. Puisqu'il pouvait le faire chanter, c'était évidemment plus intéressant de l'avoir sous la main que de le savoir aux Etats-Unis… Jacques a sans doute essayé de s'en tirer en démissionnant de la police, mais ça n'a rien changé. Il n'est jamais parti."

Comme après les dernières images d'un film, Henri Frot n'arrive pas à se détacher de la fiction. La voisine se charge de l'épilogue :

"Mon mari ne s'en est pas remis. Pendant des mois, il a harcelé son frère pour qu'il lui dise la vérité. Pour lui, c'était insupportable, il voulait savoir. Je le connais, il lui aurait pardonné sans rien dire aux autorités, ni à personne. Ce qu'il voulait, c'était savoir. Savoir s'il s'était trompé ou non, mais Jacques ne lui a jamais rien dit. Finalement, ils se sont fâchés, ils ne se sont plus jamais parlé. Triste, non ? Mon mari, ça l'a usé. Il est mort de cela, il est mort usé. Voilà, l'histoire de Grégoire, c'est celle-là. Vous avez voulu savoir, maintenant vous savez."

Quand elle se tait, Henri Frot a l'impression d'avoir fait marche arrière jusqu'à la nuit des temps. Il s'étonne même qu'il fasse encore jour, ce qui ne le retient pas de tout mélanger et de prendre la voisine dans ses bras comme s'ils se retrouvaient après des années d'exil. Geste précieux qu'il aurait préféré placer dans un autre décor, et sous de meilleurs auspices. Pour s'en sortir, il se perd dans un romantisme pathétique : pose un doigt sur les lèvres de la voisine, lui caresse les cheveux, se lève et s'en va. Ridicule.

Vingt minutes plus tard, il arrive chez lui sans aucun souvenir de l'itinéraire emprunté.

Une feuille de papier est glissée sous sa porte, Henri Frot attend d'être chez lui pour lire ce qui est écrit au verso :

"Cher voisin, votre voiture semble abandonnée le long du boulevard Saint-Martin. Si je peux vous aider, n'hésitez pas à me contacter. Cordialement."

C'est signé M. Durant.

Putain de quartier.

IMPASSE DES FREESIAS (8)

Henri Frot n'aimait pas commenter ce qu'il faisait. A propos des enfants, il était d'ailleurs très fier d'avoir réussi à ne jamais se justifier, se contentant de suivre Hélène dans les hauts et les bas de ses humeurs. Pour lui, c'était un exploit, un record auquel son épouse s'était attaquée sans relâche. Peine perdue. Seul le père d'Hélène semblait avoir eu des soupçons. Le soir où il était venu enlever la balançoire, il lui avait lancé un *"maintenant, vous êtes tranquille"*, plein de sous-entendus. Dans la lettre de M. Durant, il y avait des sous-entendus derrière chaque mot. Affolé, Henri Frot l'imagine pendu au téléphone pour rassembler ses patrouilleurs ou signaler sa disparition à la police. Il fallait à tout prix l'arrêter.

La panne. Henri Frot avait beau chercher, il ne trouvait pas d'autres motifs pour garer une voiture le long d'un boulevard. Il aurait bien dit *pneu crevé*, ce qui aurait pu se régler d'un coup de canif, mais

M. Durant avait certainement fait le tour de la voiture. A choisir, Henri Frot préférait passer pour un idiot plutôt que pour un menteur. N'empêche, il lui faut un temps de préparation avant de décrocher le téléphone. M. Durant est heureux de l'entendre :

"Avec tout ce qui se passe dans le quartier ces derniers jours, quand on m'a dit que votre voiture était là depuis ce matin, je me suis inquiété. A force de s'accumuler, tous ces événements dramatiques vont nous rendre paranoïaques. Ceci dit, j'ai pensé à la panne, moi aussi, c'était le plus logique. C'est d'ailleurs pour ça que j'ai glissé un petit mot sous votre porte : sans être un as de la mécanique, je me débrouille. Je peux vous donner un coup de main. On pourrait y aller avec ma voiture. Si besoin, j'assurerai le remorquage.

— Pas besoin, pas besoin, s'empresse de lui répondre Henri. C'est un problème de niveau d'huile, de témoin, de filtre encrassé, cela arrive de temps en temps. Il faut juste attendre que le moteur refroidisse, pas de problème, je vais me débrouiller. Merci d'y avoir pensé, merci. De votre côté, vous devez avoir d'autres priorités : j'ai appris pour Denis Lassalle, dit-il pour éloigner le danger.

— Terrible, n'est-ce pas ? La police parle d'un suicide. Quand j'ai appris la nouvelle, j'ai été bouleversé. Quel gâchis ! C'est le sentiment qui domine : un gâchis."

Henri Frot n'y aurait pas pensé, mais le mot est bien choisi. *Un gâchis*. L'expression pouvait servir aussi dans l'histoire de Grégoire. Hélène ne l'aurait pas renié non plus. Lui-même n'hésite pas à l'employer, heureux de s'en tirer à bon compte :

"Vous avez raison, c'est un véritable gâchis.

— Le pire est encore à venir, je le crains. Demain, la presse va nous éreinter. A ce propos, surtout ne croyez pas que je vous espionne, mais je vous ai vu discuter avec Régis Weiss et son ami journaliste. Ne le prenez pas mal, mais j'aimerais qu'on reste soudés. Les patrouilleurs, je veux dire, il faut qu'on fasse bloc autour de Denis, on lui doit bien cela."

"Un gâchis, un vrai gâchis", se répète Henri Frot comme s'il venait d'apprendre un mot nouveau. Sentant qu'il ne trouvera rien de mieux, il lance une dernière question. Apparemment hors cadre, apparemment seulement :

"Dites-moi, monsieur Durant, cela fait longtemps que vous habitez le quartier ?

— Huit ans, lui répond l'ancien coordinateur. Jusqu'à présent, on n'avait jamais eu à le regretter. Aujourd'hui, sincèrement, je me pose des questions."

Ils raccrochent sans dire un mot de plus.

Personne n'ajoute : *quel gâchis.*

Cela n'aurait pourtant pas été de trop.

Henri Frot en est persuadé : un jour, la série noire prendra fin.

Il y aura une avant-dernière catastrophe, une dernière catastrophe, puis des journées de calme absolu. Curieux et inquiet, Henri Frot se demande à quoi ressembleront les paysages après le bombardement. Combien y aura-t-il de morts et de vivants, où se trouveront alors M. Durant et Robert ? Et où sera le mort qu'ils ont jeté dans la rivière ?

La somme de questions remplirait une piscine, c'est beaucoup pour un homme qui s'est toujours gardé d'avoir à donner son avis sur quoi que ce soit. Trois jours auparavant, l'épreuve l'aurait poussé dans la chaufferie ou dans un placard. Aujourd'hui, il se rassure avec l'abracadabrante histoire racontée par la voisine. Tout ce qu'elle lui dit lui plaît. Quand elle n'est pas là, il imagine ce qu'elle lui dirait. Par exemple, ce soir, avant de sortir, elle lui suggérerait de monter chercher un pull et de rajuster sa veste. Suivre ses conseils console Henri Frot de chagrins depuis longtemps enterrés.

Dix minutes plus tard, le téléphone sonne dans le couloir. Mais Henri Frot marche déjà le long du boulevard Saint-Martin.

Seul sur la route, il se donne des airs de sentinelle sur un chemin de ronde. A sa droite, protégé de la ville par le boulevard, le quartier s'éclaire petit à petit. Les tours de la cité des Champs sont toutes allumées, encadrées par des centaines de lampadaires. Comme s'il contemplait la baie des Anges, Henri Frot imagine la maison de la voisine. L'étage de sa chambre où elle va bientôt s'allonger, et la cuisine au rez-de-chaussée dans laquelle le frère de Jacques Sauter s'était inventé un roman. Un roman qu'Henri Frot ne voulait plus lâcher, preuve que le mari de Marie-Claire Lamont ne manquait pas de talent.

La promenade s'éternise. Passé le pont, Henri Frot ne voit plus le quartier, remplacé par des parkings d'entreprises ou de surfaces jamais exploitées. Après le tournant, c'est enfin l'embranchement vers la station-service. Il y arrive à l'heure du mort dans les hautes herbes du fond, ce qui donne à sa présence des allures de pèlerinage. Henri Frot ne veut pas en faire trop. Il se concentre sur sa voiture, il accélère quand même le pas, pressé d'être en sécurité derrière le volant. Le moteur prend au premier tour de clé. Pas de panne. Pas de voyant allumé. Pas de M. Durant pour saluer son départ. Pas un regard pour le chemin maintenant plongé dans une sinistre obscurité. Il peut retourner dans le quartier.

Pour une fois stratégique, l'intention d'Henri Frot avait été de passer voir M. Durant. Par cette visite, il lui aurait prouvé son attachement au groupe, il aurait aussi peut-être obtenu des informations de première main sur l'enquête de la police. Au moins apprendre ce qu'ils savaient de la victime, du suicide de Denis Lassalle ou d'un autre mort trouvé dans la rivière. Malheureusement, M. Durant n'est pas là, sa maison est déserte : aucune lumière, pas de voiture. Dommage.

Henri Frot remonte dans sa voiture. Arrivé très vite au rond-point, il choisit de tourner vers chez la voisine. Cette fois, il ne va pas s'arrêter, sauf si elle est devant la porte, sauf s'il devine une présence dans la cuisine, sauf si n'importe quoi, mais il n'y a rien. Les volets sont baissés, comme dans la maison de Robert, comme dans la maison de M. Durant, comme si tout le monde avait filé en douce, l'obligeant à rester seul dans ce maudit quartier. Henri Frot s'apprête à remettre les gaz pour rentrer chez lui quand il est dépassé par deux camions de déménagement descendant vers l'avenue des Lys. Vision étonnante dans un quartier où personne ne déménage à l'improviste. Surpris, Henri Frot part dans la même direction. En bas de la rue, juste en face de la maison de Denis Lassalle, il les voit tourner à droite, rouler jusqu'à la rue perpendiculaire et se garer devant la première maison. *"Voilà autre chose"*, se dit-il en imaginant tous les habitants quittant le quartier avec armes et bagages pour suivre un ordre d'évacuation publié alors qu'il courait un marathon le long du boulevard Saint-Martin. *"Bon débarras"*, conclut-il à l'idée de se réveiller dans un lotissement déserté par la population, peut-être les premiers signes d'une tranquillité retrouvée. Henri Frot croise les doigts.

Il est encore à cent mètres de chez lui, quand le téléphone sonne à nouveau dans son couloir. Cette fois, son interlocuteur a la patience d'attendre qu'Henri Frot gare sa voiture dans le garage et monte l'escalier intérieur. Il décroche sans avoir eu le temps de se préparer :

"Henri ? Henri Frot ? dit une voix de femme.

— Hélène ? C'est toi ? Pourquoi tu téléphones ? Tu es où ?

— …

— C'est toi qui as appelé l'autre nuit ? Excuse-moi, j'ai raccroché parce que, ici… (Henri cherche ses mots.) Parce que, ici, c'est dur…

— … euh, pardon, pardon, l'interrompt la voix de femme, pardon, mais je ne suis pas votre femme, je suis Marie-Jeanne, la femme de Robert Donnay. Robert, votre équipier, pour les patrouilles."

Henri Frot, pudique, rattrape le coup comme il peut :

"Oh oui, bien sûr. Bonsoir. Bonsoir. Désolé, je…

— Robert ne va pas bien, l'interrompt son interlocutrice. Il ne va pas bien du tout, il m'a demandé de vous prévenir. Il aimerait vous voir. C'est urgent.

— Ah. Oui. D'accord."

La conversation est difficile. Les images se bousculent. Henri Frot aimerait qu'on lui souffle son texte. Il aimerait aussi savoir si c'est la femme de Robert qui lui a téléphoné alors qu'il se terrait dans la chaufferie, puis l'autre nuit à 4 h 37, ce qui signifierait qu'Hélène a peut-être bien *lâché prise* comme elle l'annonçait dans sa lettre. Une fois de plus, l'ancien coéquipier de Robert a le sentiment d'avoir été abandonné, seul, dans le noir, tout en haut d'un escabeau.

A court d'idées, il répète :

"Oui. D'accord. Bien. Dites-lui que je viendrai. Quand il veut, je viendrai.

— Ce soir ? Vous voulez bien venir ce soir ?

— Ce soir ? Vous voulez dire : maintenant ?

— Oui, c'est ce que je dis : ce soir, maintenant.

— Ah bon ? Alors vous êtes rentrés ? Vous êtes déjà rentrés chez vous ?"

Priant pour que ce soit un rêve, il entend la femme pousser une sorte de gloussement :

“Chez nous ? Bien sûr : chez nous. Chez nous, chez nous. C’est une idée de Robert : nous coincer chez nous ! Réfugiés dans notre propre maison !” dit-elle en faisant entendre le même petit gloussement.

Henri Frot s’en veut d’avoir été optimiste. Avant l’avant-dernière catastrophe, il voit maintenant se profiler toute une série d’avant-avant-avant-dernières catastrophes.

Autant dire que la vraie catastrophe n’est pas pour demain.

AVENUE DES ROSES-BLANCHES (2)

Face à une télé de très grand format dont on a coupé le son, la femme de Robert et la voisine sont assises dans un double fauteuil en cuir blanc. Robert, lui, marche de long en large sans tenir compte des supplications de son épouse :

"Robert ! Robert, pour l'amour de Dieu : assieds-toi ! Je t'en supplie : assieds-toi !"

Rajustant la patte du chien couché sur ses genoux, elle prend Henri à témoin :

"Vous voyez ? C'est comme cela depuis trois jours. Heureusement que vous êtes venu, c'est du délire ! Sans vous, je ne sais pas où cela se serait terminé. Déjà, pour l'avoir supporté trois jours, je mériterais une médaille !"

Quand Hélène disait qu'il fallait mettre un pied devant l'autre, Henri Frot ne croit pas qu'elle imaginait qu'il atterrirait un jour au milieu d'un tel cirque.

La scène est hallucinante. S'il n'avait pas le sens de la mesure, Henri Frot aurait la certitude d'être entré dans un monde parallèle où les apparences subsisteraient, certes, mais dans une autre dimension. A elle seule la femme de Robert mériterait un chapitre dans un livre de curiosités. Perché sur des talons de dix centimètres, son corps est couvert d'une combinaison en cuir et d'un long déshabillé noir. Les cheveux relevés en chignon, la figure mangée par d'immenses lunettes d'aviateur, Marie-Jeanne, la femme de Robert, l'avait accueilli en pétrissant son épaule avec ses longs ongles peints en rouge :

"Voilà notre sauveur. Voilà notre sauveur !" disait-elle pour attirer l'attention de son mari debout à l'autre bout de la pièce.

Henri Frot tente de garder les pieds sur terre :

"Robert. Robert ! On arrête. Stop terminé. Stop. Stop. Stop. Robert, je perds la tête ! Tu me fais perdre la tête ! Je n'en peux plus, je ne comprends rien, je dis stop ! Tous les deux, on va aller s'asseoir et…

— Moi aussi j'ai la trouille, l'interrompt Robert pour rester du bon côté de la barrière. Moi aussi j'ai la trouille, si je me planque dans ma propre maison, tu imagines dans quel trou je suis tombé ! Je risque d'y laisser ma peau !"

Rassurée de voir son mari entre de bonnes mains, la femme de Robert remet le son de la télé et se tourne vers la voisine pour commenter la couverture d'un magazine. Henri Frot en profite pour guider Robert dans ce qu'il croit être la bonne direction :

"C'est à cause de... ? A cause de mercredi ? De notre patrouille ? C'est à cause de ça que...

— Non, non, ne mélange pas tout ! le corrige Robert comme s'il parlait à un enfant. *Ça* n'a rien à voir. Là on est trois crans au-dessus. Toi et moi, on a toujours été dans le même bateau, je sais que je peux avoir confiance. De toute façon, il faut que je parle à quelqu'un parce que ici, enfermé dans le noir avec la folle, je deviens marteau !

— *On a vu, on a vu ça, on a vu que ça, on a vu que ça case, on a vu que du cul, on a vu que du cul dans le Caucase...*", chante sa femme en faisant des mouvements de danse de salon.

Robert entraîne Henri dans la pièce à côté :

"Marie-Jeanne supporte mal la situation, s'excuse Robert. Bref. Non, il ne s'agit pas de *ça*, mais de Denis Lassalle. Denis Lassalle et Jacques Sauter. J'ai vu des choses. Tu comprends ? J'ai peur de finir suicidé, comme Denis Lassalle. Mort comme lui, trucidé.

— Qu'est-ce que tu racontes ?

— L'autre jour, quand je suis arrivé en retard. J'ai vu des trucs bizarres.

— A propos du type qu'on a retrouvé tous les deux ?

— Non, c'était avant. Dans l'après-midi, quand je promenais les chiens, j'ai vu la voiture de Denis Lassalle garée devant chez Jacques Sauter. Plus tard, à l'heure où je partais te rejoindre, la voiture de Denis m'a doublé, mais il n'était pas au volant.

Jacques Sauter conduisait et il n'y avait personne à côté de lui."

Sans mal, Henri Frot se souvient du break japonais de Denis Lassalle, qu'il a vu passer près de sa voiture. Il l'a même vu passer deux fois. La deuxième fois, la voiture allait vers les immeubles de la cité des Champs, tous feux éteints. Ce qui, pour l'instant, ne veut encore rien dire. Il le fait savoir à Robert :

"Cet après-midi, j'ai parlé à M. Durant. Tu sais ce qu'il m'a dit ? Tu sais ce qu'il m'a dit ? insiste Henri sans laisser à Robert le temps de répondre. Il m'a dit que le climat dans le quartier, les mauvaises nouvelles, la suspicion, tout cela va nous rendre paranoïaques. Je crois qu'il a raison ! Je crois qu'il faut être complètement parano pour en arriver à se cacher dans sa propre maison ! La voiture de Denis Lassalle, moi aussi je l'ai vue ! Deux fois, même ! Pendant que je t'attendais ! Ce n'est pas pour cela que j'ai peur de mourir !"

Subitement blafard, Robert pose sa main sur le bras de son coéquipier. Il lui parle maintenant très lentement :

"Mais lui ? Lui, Jacques Sauter, lui, est-ce qu'il t'a vu ?"

La demande est formulée avec tant de sérieux, qu'Henri Frot prend la peine d'y réfléchir. S'obligeant à étudier la question en calculant les angles de vue. Sa réponse coule de source :

"Il faisait nuit. Peut-être qu'il a vu la voiture, mais il était trop loin pour deviner s'il y avait un conducteur à l'intérieur. Pour rappel, je te l'ai dit : il faisait nuit.

— Cela ne prouve rien. Jacques Sauter est un malin. C'est un professionnel, n'oublie pas. S'il t'a vu, comme moi tu es en danger ! D'ailleurs, dis-moi, depuis ce soir-là, est-ce que tu as observé des changements ? des événements étranges ? inhabituels ?"

Robert réalise vite l'absurdité de la formule. Autour d'eux, ces derniers jours, les événements sont tous étranges et inhabituels. Il prend donc la peine de préciser :

"Je veux dire : par rapport à Jacques Sauter, est-ce que tu as observé des changements dans son comportement ? Dans son attitude ? Vis-à-vis de toi ?

— Est-ce qu'il est venu me menacer ? C'est ça que tu me demandes ? Si c'est ça que tu me demandes, je te réponds : non. Non, il ne s'est pas montré menaçant ! Pas plus menaçant que M. Durant, que Régis Weiss, que toi, que le quartier entier ! Personnellement, je ne connais rien du comportement habituel de M. Jacques Sauter ! Mais, ces derniers jours, il a eu le même comportement que tout le monde ! Le jour de la découverte dans la voiture, il était devant la maison de Denis Lassalle, comme tout le monde ! Comme tout le monde, sauf toi ! De tous les gens du quartier, de la région, du pays, du monde, tu es celui qui a, certainement, le comportement le plus étrange ! Le plus inhabituel ! Le plus inquiétant !"

Henri Frot s'est levé parce que certains mots gagnent à être mis en scène. Hélène, par exemple, ne parlait jamais d'amour avant la tombée de la nuit. Le plus souvent, elle était allongée et cela se passait dans le salon ou dans la chambre. La cuisine la voyait par contre souvent en colère. A la fin d'un repas, elle se levait en criant et marchait jusqu'à une fenêtre qu'elle tapotait du plat de la main comme si elle mendiait, à l'extérieur, chaleur et hospitalité qu'elle ne trouvait pas chez elle. Chez Robert, Henri Frot est debout, lui aussi. Il domine Robert qui, d'instinct, se replie dans un fauteuil :

"OK, OK. Tu as raison, j'y vais un peu fort. Dis-moi quand même : *le soir*. Est-ce que tu as vu Jacques Sauter dans la rue ou dans un lieu public *le soir*?"

Retombée, la tension laisse les nerfs d'Henri Frot au bord de la rupture. Il le fait comprendre à Robert en lâchant le verre qu'il avait dans la main :

"La journée, le soir, la nuit ! Tu peux me dire ce que ça fait comme différence ?

— Ça fait toute la différence. Tu peux me croire, ça fait toute la différence ! lui répond sèchement Robert qui aimerait être pris au sérieux. Pour Jacques Sauter, cela fait toute la différence : il est sur un coup. Je ne sais pas ce qu'il fabrique, mais, depuis un certain temps, des camions de déménagement viennent se garer devant chez lui. Tu sais où il habite ? Un soir, on est passés devant, tu te souviens ? Sa villa ? Sa pelouse haute sécurité ? Les deux sont au bout de l'avenue des Lys. Autant dire, virtuellement, dans le jardin de Denis Lassalle."

Pour le principe, Henri Frot accueille l'information avec indifférence, et cela malgré les gesticulations de Robert qui figure l'avenue des Lys avec son bras gauche et le clos des Glycines avec le plat de sa main droite.

“Tu veux savoir autre chose ? ajoute Robert, conscient de sa disgrâce. Le journaliste, le journaliste qui écrit tous ces articles contre les patrouilles : jeune, son père a traversé les Etats-Unis avec Jacques Sauter. Ensemble ils ont même monté un groupe de musique. Tu vois le tableau ? Ici, et après trente ans dans le quartier tu *devrais* le savoir ! ici tout est toujours lié. Alors, si tu additionnes l’ensemble, et, crois-moi, ces dernières heures, j’ai eu le temps de tout aligner dans les bonnes cases, tu veux savoir ce que ça donne ? lui demande Robert qui aimerait voir son équipier s’intéresser à sa démonstration. Cela donne un Jacques Sauter qui magouille des trucs pas nets, sans doute avec son voisin pas net non plus. Marie-Claire t’a parlé de Richard Gisco, le voisin garagiste ? De son arrivée dans le quartier ? Du pognon qui soudain s’est mis à couler sur les épaules de Jacques Sauter ? Même sans être curieux, on comprend que ces deux-là préfèrent l’ombre à la lumière, si tu vois ce que je veux dire. Bref, pendant des années, le garagiste et l’ancien flic font tourner leur boutique sans que personne ne leur demande rien, jusqu’à ce que M. Durant ait l’idée de créer les patrouilles. Finie la tranquillité. Avant les patrouilles, les voisins se posaient parfois des questions. Bombardés patrouilleurs, se poser des questions est devenu une obligation, un devoir, une mission de voisins. Chacun doit rendre des comptes, faire des signalements. Or les fenêtres du plus raide des patrouilleurs offrent un point de vue formidable sur le clos des Glycines. Tu vois où je veux en venir ? A mon avis, Denis Lassalle a forcément traîné dans le coin, et là, forcément, les choses se sont mal passées.”

Si on ne s'attarde pas sur les détails, Henri Frot est bien obligé de le reconnaître, les idées, les raisonnements, les enchaînements, tous les morceaux s'ajustent pile. Comme dans le roman du mari de la voisine, l'histoire roule comme une bille sur un carrelage. S'il voulait apporter de l'eau au moulin, Henri pourrait y ajouter les images des camions de déménagement qu'il a lui-même croisés dans l'avenue des Lys, de l'absence de Jacques Sauter à la réunion *du soir* chez M. Durant, ou de Jacques Sauter, toujours lui, arrivant chez Régis Weiss pour orienter les articles de Rémi Bobet. Il n'en revient pas :

"Tu as peut-être raison, avoue-t-il très abattu.

— Pas *peut-être*. J'ai raison. Je sais que j'ai raison !"

Satisfait, Robert Donnay prend ses aises et soupire de soulagement.

Profitant de cette brève accalmie, la femme de Robert s'invite dans la pièce armée d'un sabre et d'un gourdin :

"Celui-là aussi ? hurle-t-elle en s'adressant à son mari. Celui-là aussi ? Tu veux que je m'en charge de celui-là aussi ?"

Dans le cerveau d'Henri Frot, cette vision d'apocalypse provoque un milliard de courts-circuits. C'est la fameuse goutte d'eau qui fait déborder le vase. Il tombe.

AVENUE DES ROSES-BLANCHES (3)

Comme dans les dessins animés où les héros sont poussés d'un immeuble dont le sommet se perd dans les nuages, Henri Frot a le sentiment de tomber pendant des heures. Le héros, c'est lui. Sa fonction est de tomber, alors il tombe. Autour de lui, la réalité défile comme s'il était confortablement assis dans un train à grande vitesse. Le temps qu'il entende Robert ordonner à sa femme de retourner dans l'autre pièce, ils ont disparu tous les deux ; les murs de la maison ont été remplacés par les arbres d'un jardin ; le bras de Robert par la main de la voisine. Elle lui tapote la joue :

"Faut revenir ! Tout va bien. Tout va bien, mais il faut revenir !"

Sa voix n'est pas exagérément douce. Elle ne lui parle pas comme parlent les infirmières dans les films de guerre. Elle lui parle même aussi normalement que s'ils se croisaient dans un supermarché. Prudent, il lui répond sans ouvrir les yeux :

"On est partis ?

— Oui, *on est partis. On est partis*, mais on n'est pas mort, si c'est ça la question. Par contre, oui, on n'est plus dans la maison de Robert et Marie-Jeanne. C'était impressionnant, n'est-ce pas ? Marie-Jeanne, c'est un sacré numéro, je vous l'avais dit. On ne sait jamais ce qui lui passe par la tête. Parfois, elle est incontrôlable. Personne ne peut dire où elle va s'arrêter.

— Mais elle s'arrête ? (Henri Frot ouvre les yeux.) Rassurez-moi, d'ordinaire, elle s'arrête ?"

La main de la voisine s'éloigne de lui. Sa voix est pleine de soulagement :

"Ouf, vous m'avez fait peur. Sincèrement, vous m'avez fait peur. Quand je vous ai vu tomber, j'ai prié pour que vous ne soyez pas mort. Vous imaginez la situation ? Et les conséquences ? (Elle secoue la tête pour chasser cette pensée.) Heureusement, maintenant tout va bien. On le voit, vous avez repris des couleurs. Je vais vous chercher quelque chose à boire…"

Il la retient par le bras :

"Dites-moi, Marie-Jeanne, elle est toujours comme ça ?

— Folle, vous voulez dire ? Oui, je crois qu'elle a toujours été un peu… Evidemment, avec le départ des enfants, et tout ce que je vous ai dit sur le quartier, ça ne s'est pas arrangé. Je croyais que Robert vous en avait parlé.

— Non, il m'avait juste dit que ses absences l'angoissaient. Rien de plus."

De sa place, il la voit hausser les épaules et s'en aller vers la cuisine. Il la suit et continue à lui poser des questions. Tant qu'elle parle, cela le rassure. Il insiste :

"Vous croyez qu'elle l'aurait fait. Si on s'était trouvés, elle et moi, seuls dans la maison, vous croyez qu'elle l'aurait fait ?

— Sans doute. Peut-être. Sûrement. Qu'est-ce que vous voulez que je vous dise ?"

C'est stupéfiant, Henri Frot n'en croit pas ses oreilles. La voisine, spontanément il n'arrive pas encore à la nommer autrement que *la voisine*, n'est pas très émue. Ni bouleversée. Ni scandalisée. Ni horrifiée. Pourtant, il aurait pu se faire tuer. Avec sang-froid, la voisine lui confirme qu'il aurait pu se faire tuer. Pour lui, c'est inimaginable. On n'envisage pas la mort des gens avec un tel détachement. Sans aller jusqu'à la compassion, au minimum on s'emporte. Il ne veut pas lui en faire le reproche, mais il aimerait la savoir plus affectée :

"Vous réalisez ? Elle aurait pu me tuer ! Sous vos yeux, pratiquement sous vos yeux ! Mon corps aurait été étendu sur leur tapis. Dans l'urgence, ils vous auraient demandé de l'aide pour me mettre dans une voiture, après vous auriez dû me jeter dans une rivière, ou m'enterrer dans la forêt.

— Je ne sais pas. Je n'y ai pas réfléchi.

— *On ne réfléchit pas assez*, Henri Frot s'entend répéter les mots de Jacques Sauter. On ne réfléchit pas assez et on se retrouve coincé dans une impasse ! C'est le drame : on se lance, on part à la chasse, mais on ne sait pas quoi faire du gibier. Vous saviez qu'ils étaient dans la maison ! Vous saviez que Robert et Marie-Jeanne étaient dans la maison, mais vous ne m'avez rien dit ! Vous m'avez laissé tomber dans le piège sans un geste pour me retenir !

La voisine est de retour dans le salon, elle lui tend un verre d'eau et le regarde droit dans les yeux : "Vous devriez me remercier, dit-elle sans rire. Si je vous avais donné cette information, elle aurait tourné dans votre tête comme un torchon dans une essoreuse. Cela vous aurait empêché de dormir. Après quelques jours, vous seriez mort, comme mon mari. Faites-moi confiance : on gagne à ne pas tout savoir. Surtout, on gagne à ne pas chercher à savoir ce qu'on ne peut pas comprendre !

— N'empêche, vous auriez dû me le dire, Henri espère qu'elle devinera ainsi son attachement.

— C'est ce que j'ai fait. Pour rappel, je suis venue vous voir en vous suggérant d'envoyer la police chez Robert et Marie-Jeanne, mais j'ai bien vu que l'idée ne vous emballait pas. Ne me dites pas le contraire. Vous ne vouliez pas savoir, je n'ai pas insisté.

— C'était trop vague ! affirme-t-il en regrettant de ne pas trouver les mots pour lui dire sa déception d'avoir été pris pour un lâche.

— Bien. Très bien. Très très bien ! Puisque vous me le demandez, on va allumer toutes les lumières ! On va ouvrir les portes et les fenêtres ! On va regarder dans les coins et fouiller dans la poubelle ! Vous voulez tout savoir, très bien, mais je vous préviens : les souvenirs, quand on les a dans la tête, on ne peut plus s'en débarrasser ! Tant pis, puisque vous insistez, on y va. Commençons par Marie-Jeanne : oui il y a eu des précédents. Je sais qu'il y a eu des précédents. Certains sont tombés sans témoin, si vous voyez ce que je veux dire. Demandez à Robert, il vous donnera des explications. Après tout, ce sont leurs histoires. Quand il sera en face de vous, demandez-lui aussi des nouvelles de votre femme. Votre femme, oui, votre femme ! Le jour où elle est partie, Robert l'attendait en bas de chez vous. C'est dans sa voiture qu'elle a quitté le quartier, alors il doit bien savoir où elle s'en est allée. Il pourra vous dire s'il l'a déposée dans un autre quartier, dans un hôtel, ou dans une gare !

— Hélène ?

— Tout à fait. Hélène, votre femme. Partie dans une voiture avec Robert, le mari de celle qui a failli vous tuer avec un gourdin. Voilà, vous en savez autant que moi. Bonne nuit."

Avant qu'il n'ait le temps de la retenir, de l'embrasser ou de protester, elle est déjà dans le couloir, puis devant la porte d'entrée qu'elle tient grande ouverte :

"Bonne nuit."

Une voiture passe dans la rue.

Henri Frot ne veut pas être vu sur le seuil de cette porte.

Il est complètement dépassé.

Il s'en va.

Tout à l'heure, après le coup de fil de Marie-Jeanne, quand Henri Frot était sorti de chez lui, la marche lui avait semblé le moyen le plus rapide et le plus discret pour rejoindre Robert et lui poser les mille questions qu'il avait sur le bout de la langue. Il avait pressé le pas, il avait même couru. Le chemin de retour est difficile. Après quelques mètres,

Henri Frot avance comme un vieillard, les genoux fragiles, les cuisses douloureuses, le dos écrasé par les révélations de Marie-Claire. La voisine l'avait prévenu : depuis une heure, son esprit tourne comme une essoreuse. A l'intérieur, Robert, Jacques Sauter, Marie-Jeanne et Hélène sont renvoyés d'une idée à l'autre, si vite qu'on ne voit plus la différence. Subsiste une masse. Un bloc d'une tonne que les épaules d'Henri Frot ne peuvent plus supporter. Il aimerait s'allonger, mais il a peur de s'allonger sur le trottoir. Il aimerait faire le point, mais il a peur de faire le point sur la voie publique, alors il pense à son lit. Il pense aussi au carrelage du couloir sur lequel il pourra s'étendre, en toute sécurité. Pas à pas, il remonte l'avenue des Roses-Blanches, bientôt ce sera l'intersection avec la rue des Tulipes, Henri Frot ne veut pas penser à autre chose. De mémoire, il dresse la liste des rues du quartier, des roses, des lilas, des glycines, des violettes, pétunias, pivoines, asters et ancolies.

Les freesias se font attendre.

Il franchit les derniers mètres comme un bagnard traînerait ses boulets. Sa tête, ses bras, ses jambes. Tout lui semble pesant. Il tient ses clés à deux mains, pousse la porte avec peine, tombe à genoux sur son paillasson et rampe jusqu'en bas de l'escalier, où il reste plusieurs heures, étalé comme un tapis. Il pense à Hélène. Il ne pense à rien d'autre qu'à Hélène. Il aimerait la voir sortir de la cuisine. Il lui ferait ravaler ses airs supérieurs en lui reprochant de l'avoir remplacé par un con. Il ne trouve pas d'autres mots. *Un vrai con marié à une vraie folle.* Il lui décrirait la femme de Robert sans rien oublier de ses talons et de son gourdin. Dans l'histoire, il se donnerait le beau rôle, celui du héros aux yeux clairs. Celui qui, du plat de la main, redonne vie à son costume italien. Celui qui garde plusieurs armes dans le tiroir de son bureau, l'haleine parfumée d'alcool et de tabac. Il lui mettrait une main dans le corsage et lui raconterait comment il a balancé un mort dans une rivière et comment il a suivi les camions de déménagement du trafiquant Jacques Sauter. Tout cela en évitant les balles perdues, pendant que l'autre, le con, faisait le tour du quartier avec Cécile et Nicolas, ses bichons. Grand seigneur, Henri Frot encouragerait néanmoins Hélène à suivre son instinct :

"Ce con, tu l'attends depuis des années. Vous serez très heureux, je ne vais pas te retenir. Fais-moi juste une promesse : oublie mon nom, oublie mon existence."

Henri Frot aimerait voir cela. Il aimerait voir la tête d'Hélène, quand il ouvrirait la porte pour lui montrer la sortie. Il aimerait voir ses mouvements de protestation, mais, quand il tourne la tête, il ne voit pas Hélène. Quand il tourne la tête, il ne voit qu'une grande feuille blanche posée sur la table de la cuisine, située à des kilomètres. Il se met en route, plein de courage, mais la table recule à mesure qu'il avance. Après des heures d'efforts, il arrive au but, épuisé. La feuille n'a pas bougé. C'est une lettre de M. Durant. Henri Frot la lit deux fois à cause des airs de déjà-vu, mais c'est bien une nouvelle lettre de M. Durant :

"Cher voisin, excusez-moi d'être entré, mais la porte du jardin n'était pas verrouillée et je vous

croyais à l'intérieur. Malheureusement, je ne peux pas vous attendre. A la demande de la police, nous organisons demain une réunion des patrouilleurs. 9 heures, rue des Lilas. J'espère vous y voir. Cordialement, M. Durant. P.-S. : n'oubliez pas nos conseils de sécurité…"

Pour Henri Frot, c'est aussi violent qu'un coup de poing dans la figure.

RUE DES LILAS (2)

Des heures et des heures plus tard, Henri Frot se réveille, les bras repliés sur la table de la cuisine. Pendant son sommeil, il a renversé ce qu'il restait du café, le liquide s'est répandu sur la feuille, mais il n'a pas effacé l'heure de la réunion. Elle est toujours sur le papier. Elle est aussi inscrite dans la tête d'Henri Frot. Il en a même rêvé. Dans son rêve, Robert venait le chercher à 8 h 45. Sa voiture était devant la porte, vitres baissées parce que, Hélène, assise sur le siège avant, se plaignait de la chaleur. Son visage était cramoisi, ses vêtements ouverts jusqu'au nombril. Pour ne pas la gêner, Henri regardait ailleurs. A l'invitation de Robert, il avait pris place sur la banquette arrière. Son équipier conduisait sans regarder la route. Sans arrêt, il se retournait en disant :

"Je ne te présente pas ma femme. Je ne te présente pas ma femme."

Henri Frot ne se sentait pas concerné. Il les observait avec cette pitié bienveillante qu'inspirent les candidats-vedettes de certains jeux télévisés. Les gros, les vieux, les imbéciles, chaque émission avait les siens. Henri Frot avait hérité, lui, d'une Hélène trop cuite et d'un Robert tonitruant.

Au réveil, de retour dans la cuisine, Henri Frot jette un œil sur l'horloge publicitaire offerte par son beau-frère maçon. Les aiguilles indiquent 8 h 45. C'est l'heure de partir. *L'heure de partir*, l'injonction lui rappelle des souvenirs. Quand il travaillait, il partait à 7 h 45. La différence n'est pas énorme. Il pourrait partir à la réunion comme il partait travailler, avec l'avantage que Mme Durant aura sûrement préparé des litres de café. Sa femme à lui ne buvait que du thé. Pressé, Henri Frot se contente d'un coup de peigne sous le robinet, avant de fermer la maison à double tour et de descendre dans le garage par l'escalier intérieur. Sortant en voiture de la maison, il voit le journal replié contre la porte. Il pourrait s'arrêter, il hésite, mais il est déjà 8 h 56. Pas le temps.

Comme le soir de l'autre réunion, une quinzaine de voitures sont déjà garées devant la maison-donjon de M. et Mme Durant. A quelques mètres, sur le bord de la route, M. Durant, vêtu d'une veste fluorescente, dirige les nouveaux arrivants vers des places de parking situées sur les trottoirs voisins. Son équipement et ses mouvements appuyés d'un bâton lumineux lui donnent des airs de contrôleur aérien. Quand Henri Frot arrive à sa hauteur, M. Durant commente ses gesticulations :

“Serrez au maximum en évitant la pelouse. On va commencer dans une dizaine de minutes. D'ici là, je vous encourage à entrer dans la maison vous mettre au chaud. Il y a du café, tout est installé près de la cuisine. Quand on aura un peu de temps, j'aimerais vous parler de Robert Donnay. Il m'a téléphoné et..."

L'arrivée d'une nouvelle voiture l'oblige à s'interrompre.

Privé d'informations, Henri Frot suit les indications du coordinateur, sans chercher à en apprendre davantage sur le coup de fil de Robert. M. Durant est maintenant en grande conversation avec deux officiers de police. Henri ne se laisse pas impressionner.

A l'intérieur de la maison, trois femmes s'affairent entre la cuisine et le salon où certains patrouilleurs en sont à leur troisième tasse de café. Pour les approvisionner, d'immenses cafetières sont installées à proximité d'une pile de tasses et de plusieurs bouteilles de lait concentré. On sent que Mme Durant et son mari ont voulu gommer l'amateurisme de la dernière rencontre. Cette fois rien n'a été laissé au hasard, plusieurs exemplaires du journal sont même disposés sur les fauteuils. Henri Frot n'a pas besoin de les feuilleter, tous sont ouverts sur l'article de Rémi Bobet, page 2. Sur la colonne de gauche, le directeur du journal signe un éditorial intitulé : "Où sont les responsables ?"

Au-delà des faits, l'expression est répétée, *au-delà des faits*, donc, le plus haut responsable de la rédaction invite ses lecteurs à réfléchir sur la mort de Denis Lassalle. Pour les y aider, il suggère de regarder du côté des services de police dont les crédits sont rabotés chaque année, obligeant la population à assumer des missions pour lesquelles elle n'a pas été préparée. *Aujourd'hui, on en connaît les risques*, affirme le directeur avant de conclure par une formule qui pousse le débat loin des frontières de la commune : *la mort de Denis Lassalle est un enjeu national !* Une dimension qui pèse sur l'humeur des patrouilleurs. Dans le salon, transformé en salle d'attente, les commentaires se font à voix basse. Henri Frot n'y prête pas attention. Pour lui, tout est décidément de plus en plus compliqué. Il repense à l'image de l'essoreuse et se promet de trouver un moyen de l'arrêter. Il se jure même d'y arriver, ce qui semble un jeu d'enfant quand on n'a rien d'autre à faire que de boire du café en feignant de s'intéresser aux résultats sportifs d'une compétition départementale.

L'arrivée de M. Durant dissipe la torpeur née du silence et de l'heure matinale. Encadré par deux policiers, l'ancien coordinateur entre dans le salon et invite ses troupes à rejoindre le garage. Chacun y retrouve sa place : les officiels aux postes de commande et les patrouilleurs assis dans le public. Le premier à prendre la parole est l'officier de police qui avait promis de venir leur donner des nouvelles. Il commence par là :

"Comme je m'y étais engagé, je vous apporte, en personne, les conclusions de l'enquête."

Apparemment soucieux d'être à la hauteur de ses engagements, le policier exhibe des photos d'un corps étendu sur une table d'autopsie. Il les fait circuler.

"Le mort, dit-il en guise de présentation. Christian Mono, dit le Mécano, trente-quatre ans, connu des services de police nationaux pour une série de vols, essentiellement dans le secteur de la voiture haut de gamme. Condamné plusieurs fois, l'homme avait été relâché au printemps. Jusque-là, personne ne l'avait jamais signalé dans la région."

Professionnel, le policier attend le retour des photos pour ouvrir un dossier et présenter d'autres agrandissements. Des plans de la voiture de Denis Lassalle, et des clichés de blessures : coupures aux avant-bras, épaule tuméfiée, traces de coups.

"Deuxième étape, reprend le policier comme s'il donnait cours à des élèves policiers. Les photos concernent maintenant Denis Lassalle. Pour rappel, M. Denis Lassalle s'est suicidé en se jetant sous un train, je vous épargnerai donc les photos du corps avant autopsie. Par contre, sur plusieurs images, apparaissent de multiples traces d'agression. Nos laboratoires ont pu déterminer qu'il s'agissait de coups portés *ante mortem*. Grâce à d'autres analyses sur lesquelles nous reviendrons si vous le souhaitez, il a été prouvé que les coups reçus par M. Lassalle juste avant sa mort ont été donnés par Christian Mono. On a pu le démontrer, notamment parce que M. Mono portait une chevalière aux contours caractéristiques (agrandissement d'un sommet de la chevalière). L'ensemble de ces constatations nous a permis d'arrêter l'hypothèse suivante : selon toute vraisemblance, M. Lassalle a surpris M. Mono alors qu'il s'apprêtait à commettre une infraction. Voulant s'y opposer, M. Lassalle a tenté de le maîtriser, une bagarre les a opposés. Sentant peut-être qu'il aurait le dessous, M. Lassalle a sorti une arme, il a tiré un seul coup. La balle s'est logée dans le cœur de M. Mono, provoquant son décès. La suite, on la devine. Affolé, M. Lassalle a chargé le corps dans sa voiture, puis il est parti se suicider près de la gare. C'est là qu'on l'a retrouvé, l'arme qui a tué M. Mono était encore dans sa poche. L'affaire s'arrête là. Pour nous, le dossier est clos. Il n'y aura pas de suite, même si, comme vous avez pu le lire ce matin dans la presse, l'agitation médiatique n'est pas encore retombée. C'est une question de jours, de semaines. Faites-moi confiance, tout rentrera dans l'ordre."

Satisfait, M. Durant serre la main du policier comme s'il venait de lui remettre un chèque pour les orphelins du Tiers Monde. Les patrouilleurs ont compris le message, eux aussi : bientôt, ils reprendront du service. Ils accueillent la nouvelle avec une dignité teintée d'un sentiment de victoire qu'ils expriment en se donnant de grandes claques dans le dos. M. Durant prend brièvement la parole pour remercier tout le monde, et particulièrement le policier instructeur qu'il couvre d'éloges. De sa place, Henri Frot les voit prendre de la hauteur comme s'ils étaient tous dans une montgolfière et qu'il les regardait s'élever dans le ciel debout sur un tabouret. Il est soulagé de les voir partir sans lui. Il espère qu'ils trouveront une autre planète où ils s'installeront tous ensemble, le laissant seul dans son quartier qui serait alors un paradis. M. Durant se charge de lui remettre les idées en place.

Celui qui reprendra bientôt sa place de coordinateur s'approche d'Henri Frot, d'abord pour recevoir sa ration de compliments :

"C'était bien, n'est-ce pas ? Brillante démonstration ! Bien sûr cela ne ramènera pas à la vie notre pauvre Denis Lassalle, mais ça lui rend justice. On ne l'oubliera pas."

Comme s'il passait un examen de catéchisme, M. Durant respecte quelques secondes de silence les yeux fixés sur ses mains jointes, avant de poursuivre :

"*La femme de Robert Donnay*, tout à l'heure, c'est de cela que je voulais vous parler, c'est terrible. Robert m'a téléphoné hier soir, il m'a dit pour sa femme, c'est terrible !"

Henri Frot ne veut pas le contredire :

"Oui, c'est terrible. Je ne sais pas encore tout, mais c'est terrible.

— Il vous a dit pour l'hôpital ? Marie-Jeanne est à l'hôpital. Sa dépression s'est aggravée. Cela m'a bouleversé. Robert m'a dit qu'il rentrerait dans la matinée. Naturellement, il y a des démarches à faire, des papiers à remplir. Marie-Jeanne sera absente plusieurs semaines. C'est terrible. Il aura besoin de soutien, je lui ai dit qu'il pouvait compter sur nous. Dans les moments difficiles, entre voisins, c'est important de se serrer les coudes. D'autant que la dépression est un fléau qui nous touche, nous aussi. Martine, *notre* Martine ne va pas bien du tout. Sa mère nous a téléphoné pour dire qu'elle ne viendrait plus travailler. Il paraît qu'elle traverse une mauvaise passe. Pour s'en sortir, les médecins lui auraient conseillé de partir vers le sud. C'est vrai que, sous notre climat, les idées noires font vite des petits."

Les portes du garage sont ouvertes. Henri Frot en profite pour s'échapper.

Quand il arrive devant sa voiture, trois policiers le rejoignent en courant. Tous les trois s'engouffrent dans une voiture garée derrière la sienne. Le véhicule démarre et fonce vers la ville toutes sirènes hurlantes. Henri Frot n'a même pas le temps de les saluer. Dommage. S'ils avaient engagé la conversation, cela aurait été l'occasion de leur parler de sa femme Hélène, et de Marie-Jeanne, la femme de Robert. Il en aurait aussi profité pour leur signaler la présence des camions de déménagement dans le quartier. Il leur aurait même suggéré de vérifier si le nom de Jacques Sauter ou de son voisin n'apparaissait pas dans la biographie du Mécano mort trouvé dans le coffre de Denis Lassalle. Faute de mieux, Henri Frot pourrait aller poser ces questions aux policiers restés à l'intérieur.

Il pourrait aussi se tirer une balle dans la tête.

Ou dans le pied, à condition de choisir le bon.

IMPASSE SERRURIER-REY

Les policiers ne mettent que huit minutes pour atteindre le centre-ville. Un temps record obtenu grâce à l'expérience de leur chauffeur, policier depuis quatorze ans. Des trois, il est le seul à connaître tous les sens uniques et tous les raccourcis de la commune. Par exemple, il est le seul à savoir que l'impasse Serrurier-Rey communique avec la rue Jules-Rapiez, elle-même accessible par les parkings de la gare. Des informations jamais consignées nulle part, mais qui peuvent être utiles. La preuve.

L'impasse Serrurier-Rey est une ruelle sans prétention bordée d'immeubles gérés par divers services sociaux. Une voiture de police est garée sur le trottoir, un flic en uniforme en sort dès qu'il voit arriver le véhicule surmonté d'un gyrophare. Il salue ses collègues, tous plus gradés que lui :

“Inspecteur Bellay, dit-il en touchant le bord de son calot. C'est moi qui vous ai appelés.

— Qu'est-ce qu'on a ? demande le plus âgé des nouveaux.

— Recel et dénonciation. Tôt ce matin, nous avons reçu un appel téléphonique accusant une jeune fille de détenir le produit de plusieurs vols commis dans la région. Avec mon équipier, nous sommes venus vérifier sur place. De fait, dans la chambre de la demoiselle, nous avons découvert une quantité importante d'objets volés."

Les gradés attendent la suite, certains qu'on ne les aurait pas dérangés pour si peu. En effet :

"Si je vous ai appelés, c'est parce que les objets retrouvés ont tous été volés dans le lotissement du quartier des Fleurs. Puisqu'on m'a dit que vous étiez sur place, il m'a semblé que…

— Excellent réflexe, approuve son supérieur le plus proche. Allons voir."

Les deux hommes entrent dans l'immeuble, sous l'œil des voisins planqués derrière les rideaux à tous les étages des autres bâtiments. L'inspecteur Bellay ouvre la marche. Ils montent jusqu'au deuxième et entrent dans l'appartement de gauche. Des cris de protestation les attirent dans le salon. Un policier en uniforme est assis en face d'une femme aux cheveux blond platine. C'est elle qui braille :

"C'est un coup monté ! C'est un coup monté ! Vous ne voyez pas que c'est un coup monté ! Ma fille est victime d'un coup monté ! Prenez note, je vais vous donner le nom du coupable : Hervé Lotin. Hervé Lotin ! Vous avez noté ? Je l'avais dit à ma fille, c'était un type pas fiable. Elle l'a quitté récemment, il a voulu se venger. Je sais ce que je dis, vous pouvez vérifier."

Coincé entre un aquarium et un vélo d'appartement, le gradé intervient pour demander qu'on lui indique la chambre de la fille. Il s'y rend en deux enjambées. La pièce, très petite, est encombrée par un lit et par une table où sont exposés des appareils électriques, du matériel informatique et des bijoux. Une jeune fille est assise sur le lit. Elle pleure. Une femme flic lui tend un mouchoir et s'adresse à son collègue Bellay :
"Pouvez dire à la mère d'arrêter son numéro, c'est plié. Sa fille a vite compris où était son intérêt. Elle nous a dit la vérité. Tout est consigné ici."

D'une main, elle tend son rapport ; de l'autre, elle redonne un mouchoir à la jeune fille, toujours en pleurs. La boucle se boucle à la lecture des premières lignes : la fille en larmes s'appelle Martine Dufour, c'est elle qui faisait le ménage chez M. et Mme Durant. Profitant de ses passages dans le lotissement, la belle arrondissait ses fins de mois en visitant les villas voisines aidée par son amoureux, Hervé Lotin. Sa mère avait raison. Pour détourner d'éventuels soupçons, les deux amoureux avaient eu l'idée de simuler un vol dans la maison des Durant. Pour prouver l'agression, Hervé Lotin devait bousculer sa Martine, sauf qu'il avait eu la main trop lourde. Aux coups succédèrent, crescendo, les soupçons, les reproches, les accusations, les menaces, puis enfin la guerre et son lot de vacheries. La dénonciation ne serait donc qu'une étape dans l'escalade des hostilités, une terre brûlée, un attentat suicide dont le kamikaze porte le nom d'Hervé Lotin. La fille est aussi catégorique que la mère.

Décrite en langage administratif, la tragédie ne vaudrait pas deux lignes dans un journal.

Une anecdote à l'échelle de l'humanité, un cataclysme pour le quartier des Fleurs qui devra bien des bouleversements aux amours contrariées d'une femme de ménage.

Loin de ces conclusions d'ordre sociologique, l'inspecteur Bellay menotte la pleureuse, pendant que son supérieur embarque un appareil photo portant le nom de M. Durant.

Un cas d'école.

CLOS DES GLYCINES

On a beau avoir vu des dizaines de films policiers, on ne s'improvise pas enquêteur. Piégé dans le jardin de Jacques Sauter, Henri Frot est bien obligé de le reconnaître. Il est, aussi, bien obligé de trouver une explication pour justifier sa présence entre les ifs et les thuyas où il s'est fait coincer comme un bleu. Même un voleur de pommes aurait pris des précautions, pas Henri Frot qui, naïf, n'était, finalement, jamais beaucoup sorti de chez lui.

Conséquence, malgré les mises en garde de Robert au sujet de la pelouse et de son éclairage *tout automatique*, Henri Frot ne s'était pas méfié. Il était entré dans le jardin sur la pointe des pieds, et s'était illico retrouvé tétanisé comme un lapin sur une autoroute. Aveuglé, il n'avait pas pu se cacher du propriétaire et de trois individus d'un quintal chacun. Henri Frot ne faisait pas le poids. Il avait levé les bras en signe de reddition et l'avait fait avec d'autant plus de conviction qu'un des types exhibait une arme à feu. Il la pointait vers Henri en hurlant :

"T'es qui, toi ? T'es qui, toi ? Qu'est-ce tu fous là ? Qu'est-ce tu fous là ?"

Très inquiet, Henri Frot aurait aimé recevoir le soutien de Jacques Sauter, mais ce dernier restait immobile derrière les colosses. Sans dire un mot pour détendre l'atmosphère. Pire, il regardait ailleurs, cautionnant par son silence un climat de plus en plus tendu :

"T'es qui, toi ? T'es qui, toi ? Qu'est-ce tu fous là ? Qu'est-ce tu fous là ?" répétait le plus grand des gardes en agitant son arme sous le nez d'un Henri Frot de plus en plus certain de finir sa vie dans le coffre d'une voiture ou dans le dossier d'un policier instructeur qui l'ouvrira dans un mois pour en sortir une photo de son corps tuméfié retrouvé sous un train. L'agonie de Denis Lassalle avait commencé ici, pas de doute. Il s'était fait braquer par les mêmes. Sportif, l'ancien militaire s'était alors sûrement défendu. Dans la bagarre, un coup de feu était parti, tuant un des agresseurs. Robert avait raison. Les autres s'étaient déchaînés, Denis Lassalle ne s'en était pas sorti. Henri Frot ne s'en sortirait pas non plus.

Pour gagner du temps, il lève les bras encore plus haut et tente de faire la différence :

"Holà, holà, messieurs. Messieurs, s'il vous plaît..."

Ses airs de gentilhomme ne plaisent pas à tout le monde, le gars armé avance d'un pas. Ses frères jumeaux se placent derrière Henri pour lui tordre le bras. Jacques Sauter ne dit toujours rien. Il ne dit rien non plus quand les deux brutes poussent Henri sur le sol humide, et l'incitent, du bout de leurs chaussures, à répondre enfin à la question initiale :

"T'es qui, toi, hein ? Hein, t'es qui, toi ? Qu'est-ce tu fous là ? Hein, qu'est-ce tu fous là ?"

La bouche écrasée par le genou du plus gros, Henri Frot articule pauvrement :

"Voisin ! Je suis le voisin. Lâchez-moi, je suis venu voir M. Sauter ! On se connaît !"

Les rustres ne relâchent pas la pression, Henri se voit déjà mort en mille morceaux quand Jacques Sauter se décide enfin à intervenir. Comme s'ils se rencontraient au comptoir de la boulangerie, il se penche vers Henri qu'il salue d'un hypocrite :

"Monsieur Frot, cher voisin, quel plaisir. La soirée n'est pas très clémente, allons plutôt discuter à l'intérieur. On sera plus tranquilles."

Discuter. C'est exactement ce qu'Henri Frot avait voulu éviter. La voiture de police partie sur les chapeaux de roues de chez les Durant, il était rentré chez lui sans passer par le domicile d'un de ses voisins qui, tous, le menaient en bateau. Il en était persuadé. De retour chez lui, il avait ouvert les fenêtres du rez-de-chaussée et avait passé l'aspirateur pour en chasser les lambeaux de Grégoire qui s'y trouveraient encore. Dans la cuisine, il avait fait la vaisselle et rangé dans le fond du placard la tasse utilisée par Marie-Claire la voisine ainsi religieusement consignée. Les journaux et les articles de Rémi Bobet avaient pris la direction de la poubelle où ils tiendraient compagnie à la commode de la grand-mère, aux messages de l'ancien coordinateur, et à la lettre d'Hélène qu'il avait jetée sans la relire une dernière fois. Henri Frot faisait le ménage. Cela lui faisait du bien.

Au premier étage, il avait aussi déblayé le salon-bibliothèque installé pour sa femme. Puisqu'elle avait choisi de partir, plutôt que de se suicider, il n'allait pas conserver ses affaires dans le formol. Henri avait travaillé à cela toute la journée, il se sentait pousser des ailes. Il était un autre homme. Désormais sa vie lui appartenait pleinement et il allait en profiter pour y mettre de l'ordre comme il l'avait fait dans la maison. Pour commencer, dès la nuit tombée, il irait fureter du côté de chez Jacques Sauter. Il découvrirait ce que contenaient les camions et il irait s'en vanter auprès de Marie-Claire, la voisine, avec qui il passerait la nuit. Chez elle ou chez lui, à sa convenance.

A l'arrivée, on était loin du compte.

Une fois dans la maison, le gorille avait posé son arme sur la table, à portée de main. Jacques Sauter s'était assis sur un fauteuil. Henri Frot avait été poussé dans un autre fauteuil. Personne n'était d'humeur à plaisanter. Plusieurs fois, Jacques Sauter avait même soupiré comme si la corvée qui s'annonçait ne lui plaisait pas, mais qu'il faudrait bien s'y coller. Henri Frot ne sait plus où regarder. Surtout, il ne veut pas croiser le regard des hommes de main, ni voir l'arme posée sur la table, alors il regarde ses chaussures, ce qui lui rappelle d'autres mauvais souvenirs.

“Bon, commence Jacques Sauter. Vous n'avez pas entendu les conseils de M. Durant ? Vous n'avez pas suivi les recommandations de la police ? Vous n'avez pas lu la presse ? Vous ne savez pas que les patrouilles ont été suspendues ? Vous cherchez à savoir ce qui est arrivé à Denis Lassalle ? C'est cela ? Vous voulez savoir ce qui est arrivé à ce Denis Lassalle ? Pas besoin de monter une opération commando, il suffit de demander. Je vais vous le dire, moi, ce qui est arrivé à Denis Lassalle : un soir, comme vous, il est venu traîner dans mon jardin. Comme vous, ces messieurs l'ont intercepté parce que, on a beau avoir été militaire, on commet des erreurs. Je ne vous cache pas qu'il n'a pas été facile à maîtriser. Il s'est défendu. Vous l'auriez vu, il courait partout et il tirait dans tous les sens, comme un gamin sur un champ de foire. Une absence totale de sang-froid. Venant d'un militaire, c'est inquiétant. Vous imaginez ce que cela donnerait dans une rue commerçante ? Sur un marché ? Dans une gare ?"

Les yeux fermés, Jacques Sauter secoue la tête devant les carnages imaginaires auxquels le monde a échappé de justesse. Les mains posées sur les genoux, il respire profondément comme s'il devait affronter des vagues d'émotion hautes de treize mètres.

"Sans la pratique, parce qu'on a tous un peu de pratique, on y serait tous passés, conclut-il agacé. Le seul dont ce n'était pas le jour de chance, c'est le Mécano. Le *petit Mécano*, comme on disait. Une balle en plein cœur ! Une tragédie ! C'était un bon gars, vous savez, il méritait pas de finir comme ça. Foudroyé par surprise. (Jacques secoue la tête, désolé.) A cent kilomètres à la ronde, c'était le meilleur pour ouvrir une voiture. N'importe quel modèle ! Richard Gisco, mon voisin, mon ami, vous savez comment il appelait le petit Mécano ? Il l'appelait *mon fils spirituel*. Je ne mens pas (Jacques Sauter s'adresse aux gardes qui acquiescent dans le même élan), un virtuose, je vous dis ! C'est une perte. Pour nous, c'est une perte. Des événements pareils, ça vous ouvre un gouffre sous les pieds, pouvez me croire. Surtout, ça vous oblige à réfléchir vite. Dès que le militaire a été désarmé, il a fallu imaginer quelque chose, monter un scénario. Une histoire qui tienne la route, un truc pour apaiser les esprits plutôt que pour attirer les flics dans notre jardin. Vous comprenez ?"

Un peu comme M. Durant, Jacques Sauter semble attendre les applaudissements d'Henri Frot. Coincé dans les débris de sa morale en ruine, l'homme aux chaussures marron se contente d'une compassion muette. Suffisante, heureusement.

"Dans la vie, il faut parfois s'asseoir sur ses principes, poursuit l'ancien flic, philosophe. Le petit Mécano, par exemple, on aurait tous préféré l'enterrer dans une berline, mais, voilà, l'intérêt général en a décidé autrement. Cela n'empêche pas les sentiments : quand on l'a plié dans le coffre de l'autre con, on avait le cœur gros, j'ai pas honte de le dire. Par contre, quand on a jeté la fouine Lassalle sous le pont, personne ne s'est retourné. C'est moche, n'est-ce pas ? Tout ça parce que, un soir, un vieux militaire de merde s'est mis en tête de savoir ce qu'il y avait dans nos camions ! C'est bien ce que vous voulez savoir vous aussi, non ?"

Henri Frot aimerait se boucher les oreilles. Il préférerait ne pas entendre les confidences de Jacques Sauter. Il préférerait ne pas avoir vu l'arme. Il préférerait n'être jamais venu ici. S'il pouvait, il préférerait même qu'on lui efface tout le contenu de sa mémoire, y compris ses souvenirs de vacances, sa communion, son mariage, Robert et la voisine. Tout recommencer de zéro. Mais Jacques Sauter n'a pas l'intention de passer l'éponge :

"Dans ces camions de déménagement, il y a quatre voitures de luxe en pièces détachées, lui dit-il. Toutes sont des voitures volées. Comme vous le savez depuis les confidences de ma belle-sœur, je fais des affaires avec Richard Gisco, mon voisin, mon associé. Ce sont des affaires très lucratives, mais des affaires peu légales. N'empêche, ces affaires ont nécessité la création d'une entreprise tout ce qu'il y a d'officiel, une entreprise avec des problèmes d'entreprises officielles : des retards de livraison, de stockage, de personnel, je ne vous fais pas un dessin. Depuis une semaine, les pièces de voiture dont je vous parlais sont chargées dans les camions, mais ne peuvent pas être réceptionnées par leur destinataire italien. Là encore, je vous passe les détails. Soucieux de ne pas voir cette petite fortune dormir sur un parking de banlieue, le soir, on les rapatrie ici, chez nous, dans un quartier où rien ne devrait arriver si chacun avait la politesse de rester à sa place devant la télé au lieu de succomber aux appels de certains à lever des armées pour résoudre des rapines adolescentes ! Sans cette frénésie sécuritaire, le Mécano aurait un jour eu des petits-enfants, et Denis Lassalle ne serait pas mort dans mon jardin, d'une mauvaise chute, on dira cela comme ça."

L'agacement de Jacques Sauter est visible à l'œil nu. Il se ronge l'ongle du pouce, hausse sans arrêt les sourcils. Les yeux à moitié fermés, il exagère sa lassitude :

"Denis Lassalle était militaire. Or, un militaire, ça cherche le contact, le combat, la guerre. C'est humain. Ces gens-là, quand ils ont fait leur temps, il ne faudrait pas les relâcher. Dans le monde civil, ils sont perdus, ils sont déboussolés, ils sont surtout dangereux parce qu'ils voient des ennemis partout. On devrait les envoyer dans les déserts, dans les forêts épaisses, où ils affronteraient la canicule, les animaux et la nature hostiles. Pour eux ce serait mieux. Au lieu de cela, on les cantonne dans des quartiers où il ne se passe rien. Depuis que c'est arrivé, j'y pense souvent. Très souvent. Je vais même vous faire une confidence : depuis que c'est arrivé, parfois je me dis que, pour Denis Lassalle, mourir en se battant, parce qu'il est mort en se battant, précise Jacques Sauter, mourir comme cela, c'était la meilleure chose qui pouvait lui arriver. Pour lui, c'était même inespéré. Vraiment."

Henri Frot ne veut pas contredire son voisin. Il fait un tout petit signe de tête, ce qui n'est ni un signe d'approbation, ni une critique, ni un rappel à l'ordre, ni une invitation à poursuivre. Sans aide, donc, la voix de Jacques Sauter reprend le récit là où il s'est arrêté. On dirait la lecture d'un interminable réquisitoire qui se terminera forcément par une condamnation à mort. Personne ne se fait d'illusion.

"*L'ennui*, poursuit le maître des lieux, magistral, comme s'il ouvrait un chapitre d'une matière scientifique. L'ennui est souvent à l'origine de comportements extrêmes. N'est-ce pas ?"

Directement interpellé, Henri Frot, surpris, articule un mot qui ne veut rien dire. Il espère que cela suffira pour relancer la machine. Confiné dans le salon, Henri Frot comprend que son sursis se prolongera aussi longtemps que son voisin lui racontera des histoires. Pour cette raison, si besoin, il serait prêt à l'écouter pendant des nuits et des nuits encore. Par chance, Jacques Sauter ne semble pas pressé de s'arrêter :

"Si l'ennui était un pays, ce quartier en serait la capitale, dit-il en dessinant les limites d'une contrée imaginaire. Pour vivre ici, il faut avoir des aptitudes. Il faut être fort, ceux qui n'étaient pas assez forts sont tous partis. On n'est plus qu'une poignée. Si on cite ceux qui sont là depuis le début, on n'est plus très nombreux (il compte sur ses doigts) : Marie-Claire, ma belle-sœur, Robert et Marie-Ange, mon voisin Richard, Régis Weiss, vous et moi. Sept. Sept, c'est un petit groupe, même pas une famille. Il faut qu'on se tienne les coudes. Qu'on se rassemble, sans cela on va tous être emportés à la prochaine tempête. C'est déjà un miracle qu'on soit arrivés jusqu'ici sans encombre. Personnellement, j'aimerais finir mes jours sans me soucier du lendemain."

Même s'il est très motivé, Henri Frot a perdu le fil dès que Jacques Sauter s'est mis à parler comme Hélène. Il n'y comprend plus rien et cela doit se voir sur sa figure, parce que le voisin voyou lui fait un résumé d'une précision chirurgicale :

"Tous les sept, d'une façon ou d'une autre, on a tous mis les mains dans le cambouis. Vous voyez ce que je veux dire ? Denis Lassalle ne pouvait pas le comprendre parce que sa conscience était tirée à quatre épingles. Même si on avait cherché dans les coins, on n'aurait rien trouvé, il n'avait rien à se reprocher. Il n'était pas de chez nous. Si on ne l'avait pas arrêté, le vertueux Denis Lassalle serait sorti de mon jardin et aurait couru chez les flics pour leur dire qu'il avait trouvé des voitures en morceaux et des armes en quantité. Ces abrutis nous auraient arrêtés, ils auraient alors remué la vase et Grégoire serait remonté à la surface. De confidence en confidence, tout le quartier se serait retrouvé derrière les barreaux. Même vous. Croyez-moi, tout le monde aurait payé sa part. Moi pour l'histoire du gamin, vous pour le pervers que vous avez jeté dans la rivière. Celui-là, on ne le regrettera pas. Vous saviez que c'était un pervers ? Marie-Jeanne, c'est un sacré numéro ! Elle les attire chez elle, fait monter la pression et joue les bonnes sœurs à l'heure de la conclusion. Sous prétexte de sauver son honneur, il lui arrive d'avoir la main lourde. Tous les acteurs ne supportent pas ses débordements, vous me suivez ? Heureusement, si besoin, Robert, son mari, joue les femmes de ménage, les hommes de peine, les fossoyeurs. Un coup de main qu'il donne volontiers en échange d'une tolérance pour ses propres écarts avec les femmes du quartier. Vous me suivez toujours ? Je ne peux pas être plus clair : la solidarité, dans un couple, ça compte. Même chose entre voisins. Vous comprenez ? De nos jours certains galvaudent les sentiments d'entraide qui lient les familles, les communautés, les voisins ; ici, on ne mange pas de ce pain-là."

Devant un Henri Frot prêt à convenir de tout, Jacques Sauter dévoile l'essentiel :

"Pour nous, la solidarité reste une valeur fondamentale. Dans le quartier, entre voisins, je veux dire. Je dirais même que c'est le ciment de nos relations. Même après les années, les départs, les déménagements, on est liés. Intimement liés. On a des choses à partager, un passé commun. Aujourd'hui, c'est comme un jeu de dominos, le premier qui tombera fera tomber les autres, c'est ce qu'il faut éviter. Le problème avec Denis Lassalle, c'est qu'il ne partageait pas nos valeurs. Puisqu'on ne peut pas accueillir tout le monde, les valeurs, c'est un critère. Lui, de toute évidence, il ne faisait pas partie de notre communauté. D'ailleurs, personne ne le connaissait vraiment, même pas bonjour bonsoir. La suite n'a pas été drôle. Ce n'est pas le genre de chose qu'on fait pour son plaisir, vous voyez ce que je veux dire."

L'humeur d'Henri Frot oscille entre le chaud et le froid. Il sent que le plus dur est passé, mais il craint de signer trop vite le contrat que lui tend son voisin. Pensionnaire pendant six ans dans une institution qu'il rejoignait le dimanche avant 18 heures, Henri Frot avait construit suffisamment de châteaux de cartes pour savoir que l'édifice se retrouverait par terre au moindre courant d'air. C'était une pensée aussi triste que celle qu'aurait le cheminot quand il verrait le corps désarticulé d'Henri disparaître sous sa locomotive. Vu comme cela, le choix n'est pas difficile à faire. Surtout pour un homme dont le geste le plus héroïque aura été de sortir de chez lui en tentant de mettre un pied devant l'autre. Résigné, il fait un petit signe de tête.

Le même qu'il avait fait pour rassurer Robert, il y a un siècle de cela.

AVENUE DES ROSES-BLANCHES (4)

Garé sur la place où, quelques jours auparavant, il attendait un Robert *plus en retard que d'habitude*, Henri Frot regrette de ne pas être un homme d'action, un de ces hommes toujours bronzés qui débarquent n'importe où comme s'ils étaient chez eux. Hélène aurait dû épouser un type comme ça. Un homme d'affaires qui l'aurait demandée en mariage à Las Vegas, et aurait lui-même surveillé la construction de leur maison dans laquelle il y aurait eu sept chambres et sept enfants. Tous les étés, la famille aurait rejoint le père d'Hélène, propriétaire d'un appartement à la mer. L'aîné des petits-enfants aurait persuadé son grand-père de reprendre la voile. Tous les deux auraient gagné plusieurs compétitions. Le mari d'Hélène aurait été un industriel converti aux énergies renouvelables. Il aurait été cité en exemple par le ministère de l'Economie. Les enfants seraient partis étudier dans de prestigieuses universités étrangères. Hélène, encouragée par son mari, aurait alors pris la tête d'associations caritatives internationales.

Lors d'un congrès à Londres, elle aurait eu une liaison avec un militant norvégien descendant d'un roi viking. Il l'aurait initiée à *la position du drakkar*, elle aurait joui comme jamais. Ils se seraient aimés à Copenhague, à Madrid et à Berlin. Au lieu de cela, Henri Frot la voit sortir de la maison de Robert. Il ne fait rien pour la retenir. Ni pour lui dire sa déception de ne pas la savoir morte au pied d'une falaise ou dans le fond d'un lac. Il n'a pas envie de lui parler. Il n'a pas non plus envie d'abandonner sa voiture et de marcher jusqu'à la maison de Robert brillamment éclairée.

On ne fait pas toujours ce qu'on veut.

"C'est inexplicable."

Debout dans le couloir, l'époux de Marie-Jeanne, parlant sans doute du comportement de sa femme, tente de le justifier :

"C'est inexplicable, l'enfermement dans la maison lui est monté à la tête. Je ne sais pas quoi te dire, c'est inexplicable. L'autre soir, j'ai eu du mal à la maîtriser, mais ça m'a servi leçon. La garder à la maison, c'était un danger permanent. Pour elle, pour moi, pour Cécile et Nicolas, pour tous ceux qui franchiraient cette porte. Un danger permanent ! Les médecins l'ont compris. Désormais, elle est dans une clinique à la campagne, un endroit formidable."

Tout en parlant, Robert bouge les bras, hausse les épaules et baisse les yeux. Tristesse, inquiétude, humilité et sacrifice passent sur son visage, toujours au bon moment.

Henri Frot pense que la prestation plaira à M. Durant. Il le dit à Robert :

"Bravo. Tu es parfait. Bravo."

Au lieu de ces félicitations, un homme de caractère aurait remonté ses manches et cassé la gueule de Robert, prié de s'expliquer sur un certain nombre de choses dont personne n'aurait dressé la liste. Tout en se donnant des claques, Henri aurait accusé Robert d'avoir tué Marie-Jeanne. L'histoire de l'hôpital à la campagne était cousue de fil blanc, surtout si on se donnait la peine de vérifier le pedigree du mari et de ses voisins. Pour se venger, Robert aurait insulté Henri en dessous de la ceinture en faisant allusion à des confidences de sa maîtresse qui se trouvait être la femme de son adversaire. Robert l'aurait reconnu triomphalement. Les noms de Grégoire et des morts dans la rivière auraient encore ajouté à la confusion. Attirée par les cris, Hélène serait revenue sur ses pas et aurait pu se jeter dans les bras de son mari, ce qu'Henri Frot ne souhaite pas, sincèrement. Information qu'il confie à Robert :

"Débrouille-toi avec ma femme, avec ta femme, avec les femmes de tes voisins, et avec leur mari ! Débrouille-toi avec le quartier et avec la terre entière ! Je ne suis pas venu relancer le débat. C'est tout le contraire. Jacques Sauter m'envoie te dire qu'il t'a vu traîner du côté de ses camions, il s'en fout car lui-même nous a vus balancer le pervers dans la rivière. Tu dors en paix, il dort en paix. C'est donnant, donnant.

— Qu'est-ce qu'il t'a dit ? s'emporte Robert. Il t'a dit des choses ? Il t'a dit des choses à propos de ma femme ? Elle est malade ! Qu'est-ce qu'il veut savoir ? Qu'est-ce qu'il a inventé, ce salaud ? C'est une maladie, ce n'est pas de la perversion !"

S'il répond, Henri Frot sait que, de fil en aiguille, ils vont retourner au clos des Glycines pour tuer le beau-frère de Marie-Claire, la voisine. Un des colosses sortira son arme. Robert sera blessé au bras, du coup lui-même sera obligé de charger tout le monde dans la voiture et de les pousser dans la rivière ou sous le pont, au risque de croiser M. Durant sur le chemin du retour. C'est au-dessus de ses forces, alors il prend Robert par les épaules et le cale contre le mur, ce qui, pour lui, est un geste d'une violence inouïe :

"C'est la fin de l'histoire. On en reste là. Je ne veux plus rien savoir. Je rentre chez moi. Je ferme les portes et les fenêtres. J'éteins les lumières et la télé. Dehors, pour moi c'est trop compliqué, trop bruyant. Tu le diras à Hélène. Dis-lui aussi que, depuis son départ, je n'ai pas cessé de mettre un pied devant l'autre, ce qui ne m'a pas fait avancer d'un mètre."

Henri Frot ne dit pas un mot de plus.

Il sort et regrette brièvement de ne pas entendre les acclamations de la voisine, émue aux larmes, de M. Durant, des patrouilleurs, du policier instructeur, des habitants du quartier, de Régis Weiss, de son ami journaliste, et de quelques maîtres nageurs venus par curiosité. Pour être fidèle au rêve, Henri Frot doit pourtant marcher d'un pas décidé vers sa voiture et démarrer sur les chapeaux de roues. Ce qu'il fait.

IMPASSE DES FREESIAS (9)

Cela ressemble à un enterrement.
La veille, la voisine est venue lui apporter des fleurs.
Maladroit, Henri Frot a laissé tomber le vase.
C'était la dernière catastrophe.

Ce matin, il a jeté ses chaussures, les marron.
Il a aussi jeté ses clés et fermé la porte.

Personne ne sait s'il est à l'intérieur, ou parti très loin de ce quartier de tarés.
Lui-même n'en est pas très sûr, mais il respire mieux.
C'est déjà ça.

TABLE

OUVRAGE RÉALISÉ PAR L'ATELIER GRAPHIQUE ACTES SUD ET ACHEVÉ D'IMPRIMER EN FÉVRIER 2010 PAR L'IMPRIMERIE FLOCH À MAYENNE POUR LE COMPTE DES ÉDITIONS ACTES SUD LE MÉJAN PLACE NINA-BERBEROVA 13200 ARLES.
DÉPÔT LÉGAL
1re ÉDITION : MARS 2010
N° impr. : 75897
(Imprimé en France)